Westafrikanisch kochen

Jojo Cobbinah · Holger Ehling

◆

Westafrikanisch kochen

Gerichte und ihre Geschichte

◆

Edition d i á

Die Bände dieser Reihe sind mit besonders elastischem Leim gebunden. Sie können deshalb bei geöffnetem Buch unbesorgt mit dem Handballen über den Mittelfalz streichen; die Seiten werden flach auf dem Küchentisch liegenbleiben, ohne daß das Buch Schaden nimmt.

Erste Auflage Juni 1995
Originalausgabe

Lektorat: Gabriele Kosack, Berlin
Gestaltung und Satz: Rainer Zenz, Berlin
Umschlag unter Verwendung einer Fotografie
von Matthias Ostermann, Wuppertal
Fotografien: Jojo Cobbinah, Schöneck
(Seiten 60 a, 60 b oben, 108 a, 108 b oben),
und Matthias Ostermann, Wuppertal (übrige Seiten)
Lithographie: Offset Peter Decker, Berlin
Druck und Bindung: Ebner Ulm
ISBN 3 86034 136 7

Bitte fordern Sie unser Gesamtverzeichnis an:
Edition diá, Elbestraße 28/29, D-12045 Berlin

Inhalt

Wir widmen dieses Buch dem Gedenken an James Dottoh Cobbinah (1934-1994)

Die westafrikanische Küche

Westafrika – das ist eine Region, die von Kamerun im Osten bis zu den Kapverdischen Inseln im Westen rund 4600 Kilometer und vom Golf von Guinea im Süden bis nach Mauretanien im Norden rund 2600 Kilometer umfaßt. Diese Entfernungen entsprechen den Strecken von Mailand zum Nordkap oder von Lissabon bis nach Nishnij Novgorod. Sie definieren einen riesigen Raum, dessen kulturelle und geographische Vielfältigkeit unsere Vorstellungskraft sprengt.

Westafrika ist ein Schmelztiegel der Kulturen. Großen Volksgruppen wie den Akan, Bambara, Haussa, Tuareg, Wolof oder Yoruba, die jeweils mehrere Millionen Menschen umfassen, stehen kleine Ethnien gegenüber, denen häufig nur einige zehntausend Menschen angehören. Allein in Nigeria werden mehr als 250 Sprachen gesprochen, die voneinander mitunter so verschieden sind wie das Deutsche und das Polnische. Dennoch reden Europäer bis heute pauschalisierend von »den Afrikanern«, als seien jene eine einheitliche, undifferenzierte Menschenmasse, gleichgültig, ob Tuareg aus Mauretanien oder Tswana aus Südafrika, Wolof aus Senegal oder Kikuyu aus Kenia gemeint sind. Es besteht die Tendenz, die Unterschiedlichkeiten der Völker Afrikas zu ignorieren – und das, seitdem wir sie wahrnehmen, seit mehr als fünfhundert Jahren.

Wieviele Völker mit unterschiedlichen kulturellen Traditionen, eigenständigen Sprachen und besonderen historischen Erfahrungen in Westafrika leben, vermag niemand präzise anzugeben. Auf mehr als 220 Millionen Menschen wird die Einwohnerzahl der Region geschätzt; das ist mehr als ein Drittel der Bevölkerung des gesamten Kontinents. Keines der Länder Westafrikas bildet eine politische oder kulturelle Einheit; zu verschieden sind die Sprachen, Kulturen und Religionen der Menschen, die durch historische Zufälle zum Zusammenleben in meist willkürlich definierten Staatsgrenzen gezwungen sind – Grund für zahlreiche Konflikte, die hierzulande oft nur als Marginalien der Tagesnachrichten wahrgenommen werden.

Von einer einheitlichen Küche Westafrikas zu sprechen wäre deshalb verwegen. Die kulinarische Reise, zu der dieses Buch einladen möchte, führt durch trockene Savannen nebst feuchten Küstenregionen, durch die islamisch geprägten Kulturen des Sahel ebenso wie durch die vibrierenden Metropolen des Küstensaums am Golf von Guinea.

Wer vom Hunger in Afrika spricht, dem fällt rasch das Stichwort »Sahel« ein. Die harten Lebensbedingungen dort, die ökologische Degradation, die regelmäßigen Heuschreckenplagen haben sich noch am ehesten in das Gedächtnis der Fernsehzuschauer eingegraben. Dabei wird leicht übersehen, daß die Menschen in den Sahelländern – Mauretanien, Burkina Faso, Mali, Niger und Tschad –, wo Wassermangel eine Alltagserscheinung ist, über Generationen hinweg an die Lebensbedingungen sich anzupassen gelernt haben. Die Vegetation ist genügsam; die Herdentiere, die oft den gesamten Besitz der Menschen darstellen, sind es ebenfalls. Die Menschen selbst wissen genau über Vorratshaltung und Verwertung von Nahrungsmitteln Bescheid, die bei ihren spezifischen Lebensbedingungen optimalen Nährwert garantieren. Hunger wird für die Bewohner des Sahel erst dann zum Problem, wenn die kargen Regenfälle ausbleiben. Oder im Fall eines Krieges.

Unter den Regionen Afrikas zählt Westafrika zu den fruchtbarsten und ertragreichsten. Die landwirtschaftliche Produktion reichte theoretisch aus, um alle Menschen angemessen zu versorgen. Schwierigkeiten entstehen durch defizitäre Infrastrukturen, denn volle Getreidelager nützen nichts, wenn es keine Straßen gibt, um die Vorräte zu befördern. Anbaugebiete von

Cash crops, fast ausschließlich für den Export bestimmt, verkommen deshalb rasch zu Landstrichen, in denen chronische Mangelernährung herrscht, weil für den Anbau der Produkte kein Platz bleibt, die für eine ausgewogene eigene Ernährung notwendig sind. Ein Kochbuch über Afrika muß angesichts all dieser Probleme nahezu als ein gewagtes Paradoxon erscheinen.

Wer die Küche eines Volkes kennenlernt, erfährt eine Menge über das Volk selbst. Westafrikas Küche ist in Europa immer noch weitgehend unbekannt. Der große gußeiserne Topf mit dampfendem Joloff-Reis, scharfer Palaver-Sauce oder würzigem *Meat pie* bietet auf internationalen Festen in vielen europäischen Städten zwar keinen ungewohnten Anblick mehr, doch beim Stichwort »Essen in Afrika« assoziiert man nach wie vor eine Armenküche mit dem Reiz von Ethnokultur, Ursprünglichkeit und »Multikulti«.

Diese Klischees interessieren in diesem Buch nicht. Es schickt uns auf eine kulinarische Entdeckungsreise. Einerseits hebt das Buch bewußt auf die Heterogenität der Kulturen Westafrikas ab; doch weil die Ernährung natürlich auf die jeweiligen geographischen und klimatischen Bedingungen abgestimmt ist, existieren andererseits über große Entfernungen hinweg frappierende Ähnlichkeiten unter den Gerichten einzelner Regionen. Deshalb werden nicht die Nationalküchen einzelner Länder vorgestellt, sondern typische Rezepte beschrieben, die so oder sehr ähnlich mit unterschiedlichen Bezeichnungen in der ganzen Region zu finden sind.

Die meisten der in diesem Buch aufgeführten Gerichte kommen aus Ghana. Die Abwandlungen, welche Köche aus anderen westafrikanischen Ländern vornehmen würden, unterscheiden sich in der Regel lediglich durch Details. In Anbetracht der fast vierhundert Sprachen der Region wurden die Rezeptnamen in Akan belassen, der Sprache der meisten Ghanaer.

Dieses Buch will dazu beitragen, Interesse für Westafrika zu wecken. Fremde Kulturen sprechen nicht nur andere Sprachen – sie schmecken und riechen auch anders. Das Aroma von Kolanüssen erzählt möglicherweise mehr über die Menschen, die sie konsumieren, als eine langwierige ethnologische Abhandlung; und ganz gewiß verdeutlichen sich beim mühsamen Schroten von Getreide in einem Mörser Aspekte des Alltags westafrikanischer Frauen auf eine sinnlichere Weise als durch einen noch so einprägsamen Zeitungsartikel.

Geschichte

Die politischen Grenzen der Länder Westafrikas haben wenig mit den historisch und kulturell gewachsenen Bindungen der Menschen zu tun. Willkürlich gezogen von den europäischen Kolonialmächten, sind in Jahrhunderten gewachsene Siedlungsgebiete durch die Grenzen zerschnitten worden. Völker mit gegensätzlichen Lebensauffassungen werden gezwungen, in künstlichen Nationalgebilden zusammenzuleben. Kaum ein größeres Volk, das nicht über viele Länder verteilt ist: Die Wolof leben im Senegal, Mauretanien und Gambia; die Malinké in Côte d'Ivoire, Guinea und Mali; die Haussa in Nigeria und Niger. Die Bambara siedeln in Mali, Burkina Faso und Guinea, die Ewes verteilen sich über Ghana, Togo und Benin.

Nigeria, das bevölkerungsreichste Land Afrikas, bildet ein prägnantes Beispiel für die Zersplitterung und ihre Konsequenzen. Seine mehr als 100 Millionen Einwohner – nahezu jeder fünfte Afrikaner lebt in diesem Land – teilen sich in mehr als 250 ethnische Gruppen auf, die von den drei größten Völkern (Haussa, Yoruba und Igbo) dominiert werden. Nigeria ist der mit Abstand größte Erdölproduzent Afrikas; wirtschaftliche Interessen motivieren die »großen drei« zur Kooperation. Die Auswirkungen lassen sich nicht übersehen, denn die Siedlungsgebiete der Haussa, Yoruba und Igbo sind mit großzügiger Infrastruktur ausgestattet. Die Erdölgebiete indessen, allesamt von kleinen Ethnien besiedelt, besitzen nur rudimentären Zugang zu sauberem Trinkwasser, Elektrizität, Schulen und ausreichender ärztlicher Versorgung. Ähnliche Strukturen gelten für die anderen Länder Westafrikas.

Kulturelle Homogenität ist deshalb nirgendwo zu entdecken. Im Bereich der Religion manifestiert sich dies am deutlichsten: Die ganze Breite des Sahels im Norden Westafrikas ist islamisch geprägt, der Küstenbereich überwiegend christlich dominiert; die Waldgebiete im Zentrum der Region dagegen sind Hochburgen traditioneller afrikanischer Religionen. Wohl nirgendwo auf der Welt leben so viele Religionen, Konfessionen und Sekten nebeneinander wie in Westafrika – und dies weitgehend friedlich. Moslems, Christen und die Anhänger der traditionellen Religionen tolerieren einander, bei großen Anlässen treten stets Vertreter verschiedener Glaubensformen auf. Religion ist auf den persönlichen Bereich beschränkt, politische Implikationen werden meist vermieden, im wohlverstandenen Interesse des friedlichen Zusammenlebens. Weniger der islamische Fundamentalismus als vielmehr die Zündeleien christlicher Splittergruppen, vorwiegend aus den USA und Europa, stellen in Westafrika ein Problem dar.

Westafrikas Kulturen in ihrer gegenwärtigen Ausprägung sind das Ergebnis jahrhundertelanger gegenseitiger Beeinflussung und Befruchtung. Selbst zwischen abgelegenen Gebieten und den Handelszentren Nordafrikas und der Küste herrschte stets ein reger Austausch. Wenig allerdings ist hierüber dokumentiert, denn bis in das zweite nachchristliche Jahrtausend hinein gibt es keine schriftlichen Quellen. Auch die Berichte des Ibn Hawkal (10. Jahrhundert) und die Schriften des Ibn Battuta (14. Jahrhundert) sind als historische Darstellungen nur unter Vorbehalt zu betrachten.

Die Geschichte Afrikas bietet daher Anlaß zu vielfältigen Spekulationen. Geklärt ist allerdings, daß bis in die Zeit des europäischen Hochmittelalters hinein in Westafrika mehrere bedeutende

Reiche bestanden. Das Reich von Gana, westlich von Timbuktu im Bereich zwischen den Strömen Niger und Senegal gelegen, galt mit seinen Goldgruben den reisenden arabischen Chronisten als reichstes Land der Erde. Das Reich der Songhai, östlich davon im Gebiet des heutigen Mali angesiedelt, folgt gleich danach. Die Bronzestatuen der Nok-Kultur Nigerias und die Zeugnisse des Benin-Königreichs im Gebiet des heutigen nigerianischen Bendel State zeugen ebenfalls von Hochkulturen, die den europäischen in nichts nachstanden. Viele der einst blühenden Städte sind zu Wüstenstaub zerfallen. Schon früh wurde ökologische Kriegsführung angewandt: Der Sultan von Bornu, Idris Alaoma, soll im 16. Jahrhundert das kleine Reich der Sao am Tschadsee zerstört haben, indem er systematisch ihre Dörfer und Felder brandschatzte und die schützenden Bäume abholzte. Die anschließende Bodenerosion zwang die Sao, sich in weit entfernte Siedlungsgebiete zu zerstreuen: Das Volk wurde von der Geschichte verschluckt.

Erst mit der arabisch-islamischen Expansion, die im 7. Jahrhundert von Nordafrika her auch das heutige Sahelgebiet erfaßte, sind schriftliche Dokumente über die Beschaffenheit der historischen Reiche und Gesellschaften Westafrikas überliefert. Besonders in der Gegend des heutigen Mali entwickelten sich bereits früh starke islamische Bevölkerungsanteile. Die Sekte der Almoraviden machte sich schließlich im 11. Jahrhundert das legendäre Gana-Reich untertan. Bereits im 14. Jahrhundert war das große Volk der Haussa weitgehend islamisiert. Den wichtigsten Impuls zur Ausdehnung gab allerdings der fulbische Sultan Ousman dan Fodio, der 1794 einen Djihad begann, einen heiligen Krieg. Dieser schuf die Grundlage für ein großes moslemisches Reich mit der Hauptstadt Sokoto, im nördlichen Nigeria gelegen. Im Verein mit dem Druck, den die Kolonialarmeen Frankreichs und Englands ausübten, trug jene Expansion wesentlich zum Zusammenbruch der wenigen verbliebenen urafrikanischen Herrschaftsgebiete im Westafrika des 19. Jahrhunderts bei. Die Bambara (bis 1860) und die Ashanti (bis 1902) waren die letzten Völker, die über größere eigenständige Gebiete regierten.

Schon lange vor der Ankunft der Europäer war Westafrika Durchgangsregion und Ziel für Händler and Abenteurer, die Gold, Elfenbein, Sklaven und billige Rohstoffe nach Nordafrika und Europa schafften. Kaum eine Region der Erde ist im Laufe der Geschichte so brutal und systematisch ausgeplündert worden. Die große Katastrophe des organisierten Sklavenhandels schließlich brach durch den Irrtum des Christoph Kolumbus, der ihn Amerika »entdecken« ließ, über Westafrika herein. Die Neue Welt eröffnete den europäischen Staaten beispiellose Aussichten auf territoriale Expansion und wirtschaftlichen Nutzen. Für die Bewirtschaftung der neuen »Besitzungen« wurden Arbeitskräfte benötigt, und die kamen vorwiegend aus Westafrika. Dort hatte schon im 14. Jahrhundert die Expansion der Handelsmächte am Mittelmeer die Grundlage für den großen Sprung über den Atlantik gelegt. Die Forschungsreisen der Portugiesen – allen voran Bartolomeo Diaz und Vasco da Gama – entlang der afrikanischen Atlantikküste ließen den Kontinent aus dem »toten Winkel« der Unkenntnis der Europäer heraustreten.

Die Stützpunkte entlang der Küste entwickelten sich im Laufe der Zeit zu wichtigen Handels- und Vertriebszentren. Allein an der ehemaligen Goldküste, im heutigen Ghana und Côte d'Ivoire, gab es um 1800 elf holländische, fünf dänische und acht britische Forts, von denen aus der Sklavenhandel kontrolliert wurde. Hier traten die Europäer als Abnehmer der menschlichen Ware auf. Das Küstenvolk der Fanti besorgte den Zwischenhandel mit den Ashanti, welche im Landesinneren die Sklavenzüge zusammenstellten. Wieviele Menschen ihre Heimat als Sklaven verlassen mußten, wird nie bekannt werden. Man nimmt an, daß rund 30 Millionen Sklaven lebend in Amerika eintrafen. Mindestens 60 Millionen Menschen kamen durch die Transporte zu Tode: in den Kerkern der Küstenforts, in den Verschlägen der Schiffe und als »Versicherungsschäden«, die man auf hoher See über Bord warf, um den Verlust bei den Versicherungsgesellschaften zu reklamieren. Wer den Transport in die Neue Welt überlebte, starb meist rasch auf den Plantagen der Sklavenhalter.

Das Zeitalter des eigentlichen europäischen Kolonialismus in Westafrika ist dagegen vergleichsweise kurz, sieht man von den Vorstößen der Portugiesen und dem französischen Eindringen im Senegal ab. Erst mit der Abschaffung der Sklaverei durch die Briten im Jahre 1807 und mit der Bekämpfung des Sklavenschmuggels, der bis in die sechziger Jahre des vorigen Jahrhunderts andauerte, begann eine allmähliche ökonomische Nutzung der europäischen Herrschaftsgebiete in Westafrika. Ging es den Kolonialherren bis dato lediglich um befestigte Handelsplätze, so stand nun der Landerwerb im Vordergrund. Die europäischen Mächte – Großbritannien, Frankreich, Belgien, Portugal, Italien und Deutschland – teilten auf der Berliner Afrika-Konferenz von 1883/84 den Kontinent unter sich auf. Einzig Liberia, seit 1847 Heimstatt ehemaliger Sklaven, blieb davon ausgenommen.

Trotz seines natürlichen Reichtums – Gold, Öl, Diamanten, Erz, Bauxit, Mangan, Kohle, Phosphat und Uran – wurde Westafrika nie zum Siedlungsraum für Europäer. Malaria und Gelbfieber, im Verein mit einem für Europäer schwer erträglichen Klima, machten das Gebiet zum *white man's grave.* Die Region blieb ein Ort für Glücksritter, Verwaltungsbeamte und Missionare, die auf schnellen Reichtum, steile Karrieren oder einen Platz im Himmel hofften.

Die koloniale Epoche, deren Höhepunkt die Jahre nach 1885 bilden, prägte Westafrika dennoch entscheidend. Die Einflüsse der sogenannten »Mutterländer« hinterließen im Alltag der Menschen verheerende Spuren. Ihre Politik griff entscheidend in das traditionelle Leben der Völker ein, verschärfte die Widersprüche zwischen den Kulturen, zerstörte Wertesysteme und gesellschaftliche Gefüge. Die Bestallung der *Paramount Chiefs* durch die Briten bildet dafür ein prägnantes Beispiel. Mit jenen »Oberhäuptlingen«, deutschen Landräten vergleichbar, wurde eine neue Hierarchiestufe geschaffen, die auf das diffizile Spiel der Kräfte zwischen den einzelnen Volksgruppen keine Rücksicht nahm. Die *Paramount Chiefs* fungierten als Informanten und Befehlsträger der Kolonialmacht. Im Laufe der Zeit wurde diese Institution in das traditionelle gesellschaftliche Gefüge integriert. So haben etwa in Ghana seit Kolonialzeiten nur solche Völker Anrecht auf Landbesitz, die über einen *Paramount Chief* verfügen. Dies führt seit Jahrzehnten immer wieder zu blutigen Auseinandersetzungen, besonders im Norden des Landes.

Europa hatte gesiegt und verhielt sich dementsprechend: Portugiesisch, Französisch, Englisch, Deutsch oder Italienisch wurden in den Kolonien zu Verkehrssprachen und sind es teilweise noch heute. Auch die Missionsschulen verboten ihren Schülern häufig ihre afrikanischen Muttersprachen. In den dreißiger Jahren allerdings regte sich intellektueller Widerstand gegen diese Politik: Studenten aus Afrika und der Karibik um Léopold Sédar Senghor, den späteren Staatspräsidenten Senegals, sowie um Aimé Césaire und René Maran gründeten in Paris die *Négritude*-Bewegung. Sie mißbilligten zutiefst die koloniale Wirklichkeit ihrer Länder und verlangten eine Änderung der Politik. Für sie war die kulturelle Bevormundung der Hauptgrund für die Paralyse des Widerstandswillens der afrikanischen Völker in jener Zeit. Wenn Schulkinder in Afrika über *nos ancêtres, les Gaulois* (unsere Vorfahren, die Gallier) lesen mußten, wenn die Schulen das Auswendiglernen von Gedichten über Tulpen und das nebelverhangene schottische Hochland verordneten, dann wurde es Zeit, so die Verfechter der *Négritude*, ein neues Bewußtsein zu schaffen. Die kulturpolitischen Ideen der *Négritude*, gepaart mit einer grundsätzlich marxistischen Orientierung ihrer Vordenker, bewirkten einen allmählichen Wandel.

Erst dreißig Jahre später allerdings erreichten sie ihr Ziel. Ein Land nach dem anderen gewann seine Selbständigkeit: Ghana machte im Jahre 1957 den Anfang, gefolgt von Guinea im Jahr darauf. 1960 entließ Frankreich zeitgleich vierzehn afrikanische Länder in die Unabhängigkeit, einschließlich fast aller seiner westafrikanischen Kolonien. Mit Namibias Unabhängigkeit 1990 endete schließlich die Epoche des »alten« Kolonialismus in Afrika. An seine Stelle tritt mittlerweile der Neokolonialismus, vertreten durch internationale Institutionen wie Weltbank und Währungsfonds, dazu geprägt von Methoden der ökonomischen Unterdrückung und systematisch vorangetriebenen Unterentwicklung Afrikas durch die bestehende Weltwirtschaftsordnung.

Die Küche Westafrikas ist durch fremde Zivilisationen ähnlich entscheidend geprägt worden wie alle anderen Bereiche der Kultur und Gesellschaft. Stets waren die Menschen trotz aller Unterdrückung bereit, Impulse von außen in Lebens- und Denkweisen zu integrieren. Von einer einheitlichen westafrikanischen Küche zu sprechen wäre deshalb vermessen – sie gleicht eher einem Kaleidoskop der Geschmäcker, ist ein Konglomerat aus menschlicher Phantasie, Religion, aus geographischen wie auch klimatischen Beschaffenheiten, versetzt mit Extra-Gaben friedfertiger Besucher und kriegslüsterner Eroberer.

In prähistorischer Zeit lebten die Bewohner des afrikanischen Kontinents als Jäger und Sammler, die sich im Wald gut auskannten und den Tag auf der Suche nach Eßbarem verbrachten. Doch bald entdeckten sie, daß es bequemer ist, Tiere zu züchten, als ihnen bewaffnet nachzurennen. Von den Anfängen des Ackerbaus an wurden dann die bis heute für Westafrika typischen Nutzpflanzen kultiviert: Hirse, Sesam, Wildreis, Yams, Okras, Bohnen, Öl- und Kokospalmen – und nicht zu vergessen: zahlreiche Pfeffersorten. Brot oder Fladen waren lange Zeit zumindest in den Waldgebieten unbekannt. Reis zählte zu den Luxusgütern und wurde nur zu Festtagen angeboten.

Die Ernährung war weitgehend zucker- und salzarm. Salz galt als begehrenswerte Rarität, wertvoller als Gold. So erhob der Tunka von Mali einst Zoll auf Salztransporte, um die ständige Versorgung seines Herrschaftsgebiets zu sichern: Ein Dinar wurde als Zoll für jede Eselsladung Salz fällig, die ins Land hineinkam; dagegen wurden zwei Dinar für jede Eselslast Salz erhoben, die aus dem Land transportiert wurde. Vom Wüstenrand im Norden wurde das Salz mittels endloser Kamelkarawanen zu den Waldbewohnern im Süden gebracht, im Austausch gegen Gold, Elfenbein, Kolanüsse und andere Güter. Noch heute sind vereinzelt Salzkarawanen in der Sahara unterwegs.

Die bis heute üblichen Zubereitungsmethoden – Kochen, Braten, Dünsten und Backen – entwickelten sich in Westafrika schon früh. Seit Jahrhunderten beherrschen die Bewohner der Region ausgereifte Methoden zur Pflanzenölproduktion: Palmkern-, Erdnuß-, Kokos- oder Kürbiskernöl werden bei der Zubereitung von Gemüsesaucen verwendet. Das Backen oder Garen in trockener Hitze ist ebenfalls seit jeher weit verbreitet. Auf heißen Steinen wird Fladenbrot gebacken, im heißem Sand gart man Eier, Süßkartoffeln oder Taro. In den Waldregionen ist das Dämpfen von Lebensmitteln beliebt. Die verbreitetste Garmethode ist allerdings das schlichte Kochen in Wasser.

Ein Merkmal der westafrikanischen Küche ist ihre Einfachheit: Zwiebeln, Tomaten, Salz und etwas Gemüse sind häufig die einzigen Zutaten. Doch selbst mit diesen wenigen Bestandteilen können viele verschiedene Geschmacksrichtungen erzielt werden. Großer Wert wird auf das

Räuchern, Salzen, Einlegen und das Würzen mit Kräutern gelegt, weil diese Techniken den gewünschten Geschmack vervollkommnen. Besonders für Fleisch gibt es viele verschiedene Marinaden, Pasten und Würzmischungen, die der oft recht zähen Grundzutat Pfiff verleihen.

Gerste, Zwiebeln, Linsen, Erbsen, Melonen und Feigen gelangten in der Antike von Mesopotamien über Ägyten nach Westafrika. Seefahrer aus Indien und Vorderasien führten Zuckerrohr, Bananen, Kaffee und Curry mit sich. Seit dem 8. Jahrhundert drangen mit dem Islam auch die Eßgewohnheiten der Araber ins nördliche Westafrika vor. Kebabs, Kichererbsen, Couscous, Süßspeisen und das Teetrinken wurden in Afrika heimisch. Mit den europäischen Kolonisatoren erschienen Grundnahrungsmittel wie Maniok und Mais in diesem Teil der Welt.

Am prägnantesten machen sich heutzutage die kulinarischen Einflüsse der Europäer bemerkbar. Man bekommt einen tadellosen *Pudim de queijo* (Käsepudding) auf den Kapverden; auf der Insel Biyogo werden hervorragende Paellas zubereitet; in Abidjan oder Dakar gehören Croissants zum täglichen Frühstück.

Während die Menschen in Westafrika die Anregungen von außen mit viel Phantasie in ihre Alltagskost integrierten, suchten die Europäer nach größtmöglicher Distanz. Afrikanische Gerichte waren verpönt, kein Restaurant oder Hotel der Kolonialzeit bot sie an. Dieser Zustand hat sich in den vergangenen dreißig Jahren spürbar gebessert. Zwar ist die Gastronomie eine europäische Domäne geblieben, gute Hotels indessen offerieren mittlerweile eine Kombination afrikanischer und europäischer Gerichte. Zwar werden Europäer, die von Yams und Fufu, Bitterleaf und Kürbiskernsuppe schwärmen, von Afrikanern nach wie vor leicht ungläubig beäugt. Aber in das Staunen mischt sich meistens Freude, denn – so die Annahme – wer die Ernährungsgewohnheiten eines Volkes achtet, wird wahrscheinlich auch den Menschen Respekt entgegenbringen.

Landschaften

Westafrika verfügt über alle erdenklichen geographischen Formationen. Weiße Sandstrände, feuchte Küstenlandschaften, Mangrovensümpfe, weitläufige Trockensavannen, schroffe Gebirgsgegenden, fruchtbare Täler, tropische Wälder, karge Hügel und heiße Wüsten machen die Region zu einer der abwechslungsreichsten der Erde. Die höchsten Erhebungen in Westafrika liegen mit dem 4000 Meter hohen Mount Kamerun im Adamaua-Massif sowie auf den Kapverden, wo der Vulkan Fogo über 2000 Meter emporragt. Allen Ländern Westafrikas gemeinsam ist das tropische Klima, das für eine ganzjährige Sommertemperatur sorgt. Im Schnitt pendelt das Thermometer zwischen 20 und 35 Grad Celsius, selbst nachts sinken die Temperaturen kaum tiefer.

Die Küste

Die westafrikanische Küste am Atlantik erstreckt sich über 3000 Kilometer. Feinsandige Strände werden von Kokospalmen und Mangroven gesäumt. Der Küstensaum bildet einen relativ dünnen Streifen, der sich von Nouadhibou in Mauretanien bis zu den Inseln vor Kamerun erstreckt und nirgendwo mehr als 25 Kilometer ins Landesinnere reicht. Dazu kommen ausgedehnte Flußlandschaften und Deltas, etwa die des Volta, des Gambia und des Niger. Hier erreichen die Niederschläge um 2000 Millimeter im Jahr, manchmal gar 4000 Millimeter. (Zum Vergleich: In Frankfurt werden jährlich etwa 650 Millimeter an Niederschlägen gemessen.) Die Vegetation ist beeindruckend üppig: Bambusdickicht, Raphia-, Kokos-, Öl- und Phoenixpalmen wachsen en masse; Gummiplantagen bedecken viele Hektar Land. Die wichtigsten Agrarerzeugnisse sind Zitrusfrüchte, Gemüse und Reis, der in den Flußniederungen angebaut wird. Nur in der Region zwischen Accra (Ghana) und Lagos (Nigeria) wird der dichte tropische Regenwald durch eine Küstensavanne unterbrochen.

Etwa die Hälfte aller Westafrikaner lebt in dem vergleichsweise schmalen Küstenstreifen. Hier liegen einige der größten Städte des Kontinents: Accra und Dakar, die Hauptstädte Ghanas und Senegals, Abidjan in Côte d'Ivoire und vor allem das nigerianische Lagos – die größte, lauteste, verwirrendste, abstoßendste und gleichzeitig attraktivste Stadt der Region. Der Küstenstreifen mit Hafenstädten wie Conakry, Lomé, Monrovia oder Douala erfreut sich Westafrikas bester Infrastruktur; Schulen und ein Großteil der Industrie sind hier angesiedelt. Von diesen Knotenpunkten aus führen Eisenbahnlinien ins Landesinnere – weniger, um Menschen zu transportieren, sondern vor allem als Verbindung zu den Plantagen und Minen, aus denen der natürliche Reichtum Westafrikas exportiert wird.

An der Küste ist der europäische Einfluß am deutlichsten ausgeprägt. Bereits um 1450 gründeten portugiesische Seeleute einen Handelsposten im Lagunenland der Yoruba im heutigen Nigeria und nannten ihn – nach einem Fischerstädtchen an der Algarve – Lagos. Christoph Kolumbus segelte auf seinen Reisen nach Amerika die afrikanische Küste entlang. Piraten wie Francis Drake oder John Hawkings trieben ihr Unwesen auf der Suche nach Gold, Elfenbein und Sklaven. Hier lag zudem der Ausgangspunkt der christlichen Missionstätigkeit in Westafrika. Noch heute ist deshalb die Mehrheit der Menschen im Gebiet der Guinea-Küste christlichen Glaubens.

Die portugiesischen Seeleute besorgten auch den wesentlichen Austausch der Agrarprodukte zwischen Afrika und der Neuen Welt. Aus Afrika exportierten sie Palmen, Kokosnüsse, Bananen, Kochbananen, Akeefrüchte, Yams, Okras und einiges mehr. Im Gegenzug wanderten Maniok, Ananas, Erdnüsse, Mais, Kakao, Avocados und Tabak nach Westafrika ein und veränderten die Ernährungsgewohnheiten der Menschen nachhaltig: *Asado* (Braten) und Paella kennt man in den ehemals spanischen Besitzungen Westafrikas ebenso gut wie *Ham and eggs,* Porridge, Whisky und Gin in vormals englischen Kolonialgebieten.

Wein, Champagner, Baguettes und Camembert sind in den ehemals französischen Kolonien teuer, aber weit verbreitet. Sie gelten in der Oberschicht nach wie vor als Beweis für Savoir-vivre.

Im Küstenbereich und entlang der großen Flüsse essen die Menschen naturgemäß viel Fisch und Meeresfrüchte; Reis und mit Palmöl zubereitete Gerichte überwiegen. Immer noch verdienen viele Menschen ihren Lebensunterhalt mit Fischfang, besonders die ursprünglich aus Ghana und Togo stammenden Fanti und Ewe an der Guinea-Küste. Fluß- und Meeresfisch werden in jeder erdenklichen Form zubereitet: gekocht, gebraten, gedünstet, geräuchert, getrocknet, gesalzen. Das Dörren von Fisch entwickelte sich zu einer Kunstform. Ein Isländer, der zu Besuch in Westafrika war, schrieb begeistert und voller Bewunderung nach Hause: »In Island existieren drei verschiedene Arten, Fisch zu dörren. Die Menschen hier kennen mehr als hundert!«

Der Wald

Auf den Küstensaum folgt ein Streifen mit üppiger tropischer Vegetation, starken Regenfällen und immergrünen Wäldern. Hier werden Edelhölzer geschlagen, und zwar in solchen Mengen, daß der Wald mancherorts bereits irreparabel geschädigt ist. Der Boden des Waldgebiets eignet sich ideal für Exportprodukte wie Kakao, Kaffee und Tee. Außerdem werden Avocados, Papayas, Bananen, Melonen, Mangos und Kokosnüsse angebaut. Die Region ist zudem reich an Bodenschätzen, die dortigen Vorkommen an Gold, Diamanten, Bauxit, Mangan und Eisenerz gehören zu den ergiebigsten der Erde. Leider mangelt es in vielen afrikanischen Ländern an dem nötigen Kapital und Know-how, um diese natürlichen Reichtümer nutzbringend für die Gesellschaft zu verwerten. Doch häufiger noch fehlt der politische Wille der Eliten, alle Menschen daran teilhaben zu lassen.

Weder die moslemischen Händler und Eroberer aus dem nördlichen Westafrika noch die christlichen Missionare, die von den Küstenregionen her kamen, konnten einen entscheidenden kulturellen Einfluß auf die Bewohner der Waldgebiete ausüben. Bis heute leben hier überwiegend Anhänger traditioneller afrikanischer Religionen. Auch an den Speiseplänen ist dies abzulesen: Wildbret, Schnecken, Schildkröten und nahrhafte Wurzeln wie Yams, Maniok, Taro und Süßkartoffeln stehen in Hülle und Fülle zur Verfügung, dazu Kochbananen, Mais und Reis. Basisbeilagen aus Wurzeln und Knollen wie *Fufu, Garri* oder *Ampesi* sind weit verbreitet.

Savanne und Sahel

Das Savannengebiet Westafrikas liegt unmittelbar südlich der Sahelzone. Beide Zonen sind sich vom Landschaftstypus her ähnlich, wenn auch die Savanne deutlich feuchter ist und über einen größeren Baumbestand verfügt. Beide Regionen haben ausgeprägte Regen- und Trockenzeiten.

Die Regenzeit in der Savanne liegt zwischen Juni und Oktober. Typische Merkmale der Vegetation sind Elefantengras, Sträucher und Galeriewälder. Hirse, Mais, Maniok, Yams, Süßkartoffeln, Erdnüsse, Sesam, Mango, Kürbis und Baumwolle werden hier angebaut.

Der Sahel kann als das Armenhaus Westafrikas betrachtet werden. Schwere ökologische Schäden und die Erosion des Bodens führen hier bei vielen Menschen zu chronischer Mangelernährung. Die Gefahr von Hungersnöten ist als ständige Bedrohung präsent. Das Gebiet erstreckt sich über den ganzen Kontinent: vom Senegal im Westen über Mali, Burkina Faso, Niger und Nordnigeria bis in den Norden Kenias im Osten. Die Regenzeit dauert in diesen Steppengebieten allenfalls drei Monate, die jährliche Niederschlagsmenge ist wesentlich geringer als in der Savanne. Die Sahel-Völker pflegen bis heute größtenteils eine traditionelle nomadische Lebensweise. Fleisch von Herdentieren, Hirsegerichte und Fladenbrot bilden die Grundlage ihrer Ernährung; frisches Gemüse ist eine Ausnahme. Hauptagrarprodukte sind Erdnüsse, Bohnen, Trockengetreide, Rind- und Hammelfleisch.

Die Wüste

Heiß und extrem trocken, bar jeglicher Infrastruktur, fernab von den Verkehrsadern des modernen Afrikas gehören die Wüstengebiete, die Mauretanien, Niger und den Norden Malis umfassen, zu den faszinierendsten Landschaften der Erde. Städte wie Timbuktu, heute ein heruntergekommenes Provinzkaff, sind zu Mythen geworden, mit deren Namen sich Forscherdrang und Eroberungsstreben der Europäer verbinden. Mit der heutigen Realität haben diese nostalgischen Vorstellungen jedoch nichts mehr gemein.

Für die Wüstenbewohner, vorwiegend Tuareg, Berber, Toubou und Peul, stellt der Alltag eine kaum vorstellbare Herausforderung dar: Die karge Landschaft gibt wenig her; Datteln, Oliven, Mandeln, Feigen, Aprikosen und etwas Getreide werden hier angebaut. Der Großteil der benötigten Lebensmittel muß aus den fruchtbareren Gegenden Westafrikas importiert werden. Produkte von Kamel, Schaf und Ziege bilden Hauptbestandteile der Ernährung. Fleischspieße, Milch, Joghurt und Käse sind daher typische Speisen der Wüstenbewohner.

Mahlzeiten und Eßgewohnheiten

Essen gilt auch in Westafrika als gesellschaftliches Ereignis, besonders in ländlichen Gebieten. Ganze Dörfer tun sich zusammen, um die Früchte des Feldes zu ernten, zu kochen und zu genießen. Da die Familien im Durchschnitt viel größer sind als in Europa, werden große Mengen gekocht. Und falls unerwartet Gäste zu verköstigen sind, können westafrikanische Suppen und Saucen problemlos durch Zugabe von Wasser und Gemüse gestreckt werden. Nur Mut beim Improvisieren!

Das europäische Frühstück ist erst vor nicht allzu langer Zeit in den Städten zu einer Selbstverständlichkeit geworden. Häufig besteht es aus gezuckerten Breien mit Weißbrot, die auch zu jeder anderen Tageszeit geschätzt werden. Anders geht es auf dem Land zu. Die Tagesabläufe der Menschen haben sich trotz des Kolonialismus wenig geändert. Wer vor Sonnenaufgang bereits mit der Feldarbeit beginnen muß, um der größten Tageshitze zu entkommen, hat zum Frühstücken keine Zeit. Die Bauern nehmen morgens die Reste vom Vortag mit auf die Felder, die oft kilometerweit von ihrem Wohnort entfernt liegen. Gegen zehn Uhr verzehren sie diese als erste Mahlzeit. Am frühen Nachmittag beenden sie die Arbeit und treten den langen Heimweg an. Erfrischende Zwischenmahlzeiten bestehen überwiegend aus Früchten: Bananen, Apfelsinen oder Melonen. Zu Hause angekommen, ist es Zeit für die warme Hauptmahlzeit des Tages: *Fufu* (Knollenmus) mit Antilopensuppe, *Banku* (Maisklöße) mit *Tilapia*, einer westafrikanischen Fischart, oder Reisbällchen mit Bitterleaf, einem spinatähnlichen Blattgemüse, sind typische Gerichte.

Appetithäppchen und Vorspeisen sind in der traditionellen afrikanischen Küche nicht üblich. Durch den langen Kontakt mit Europäern allerdings haben auch afrikanische Köche Appetizer in ihr Repertoire aufgenommen. Besonders in wohlhabenden Kreisen, auf Partys oder in vornehmen Restaurants werden mit Vorliebe Häppchen präsentiert. Der volkstümliche Bruder des Häppchens hingegen, der Snack, hat seit langem einen Platz in den Herzen der Menschen erobert. Überall an den Straßen und auf den Märkten gibt es die unterschiedlichsten kleinen Mahlzeiten zu kaufen. Schon Anblick und Geruch der Speisen sind in der Regel ein Vergnügen, das den Appetit auf ein spontanes kulinarisches Fest weckt.

Suppen gelten nicht als Vorspeisen, dazu lieben die Westafrikaner diese Darreichungsart viel zu sehr. Nirgendwo auf der Welt scheint es so viele verschiedene Suppenrezepte zu geben wie in dieser Region. Sie sind meist gehaltvoller als in Europa und werden mit Beilagen als vollständige Mahlzeiten gegessen.

Vegetarier haben es mit der Küche Westafrikas schwer. Zwar wird allgemein viel weniger Fleisch gegessen als in Europa, zwar gibt es köstliche Gemüsegerichte – ein »ordentliches« westafrikanisches Gericht jedoch besteht immer auch aus Fisch oder Fleisch. Dieses ist teuer, die Einkommen sind gering: Wer kein Fleisch ißt, tut dies also nicht aus Gesundheitsbewußtsein, sondern weil er sich den kostspieligen Genuß nicht leisten kann. Wer auf sich hält und seinen Gästen Hochachtung erweisen will, wird jedoch stets ein Fleischgericht vorbereiten. Auf dem Speisezettel steht dabei meistens Ziege, Hammel, Rind oder Geflügel. Schweinefleisch spielt in der westafrikanischen Küche keine besondere Rolle, da in allen Ländern der Region zahlreiche Moslems leben, denen sein Verzehr aus religiösen Gründen verboten ist. Auch der Rest der Bevölkerung macht sich in der Regel wenig aus Schweinefleisch, mit Ausnahme von durchwachsenem Speck und Schweinsfüßen.

Wer gerne Würste oder Tartar ißt, erlebt in Westafrika auf jeden Fall eine Enttäuschung. Die klimatischen Bedingungen lassen eine längere Lagerung nicht zu, und Kühlanlagen sind selten. Zwar verfügt Togo seit einiger Zeit über eine Weißwurstfabrik, zwar kann man im Senegal durchaus französische Salami oder in Nigeria bayerischen Leberkäse kaufen, doch populär sind diese europäischen Methoden der Resteverwertung bis heute nicht geworden.

Eine weitere Überraschung erleben die an EG-Produkte gewöhnten Europäer bei der Qualität des Fleisches: Großmastbetriebe existieren nur vereinzelt, ihre Produkte spielen für die Ernährung der Menschen bislang keine Rolle. Tiere sind in erster Linie Nutztiere: Kühe werden zur Feldarbeit und als Milchlieferanten eingesetzt, sie mutieren nicht zu wandelnden Steakdepots; Hühner sollen zunächst einmal Eier legen – erst wenn das Federvieh dieser nützlichen Tätigkeit nicht mehr nachgehen kann, wandert es in den Topf. Wer sich in Westafrika also über zähes Gulasch und widerstandsfähige Hühnerschenkel ärgert, der sollte respektvollerweise bedenken, daß seine Mahlzeit möglicherweise eine beachtliche Lebenserfahrung besitzt. Doch auch das zäheste Fleisch wird zart, wenn es mit einigen Würfeln grüner Papaya gekocht oder zwei Stunden in eine Marinade aus Essig und Fleischsud gelegt wird.

Fast alle Fleischgerichte können wahlweise mit Rind, Huhn oder Lamm gleichermaßen zubereitet werden. Die vorliegenden Rezepte wurden allerdings so ausgesucht, wie es für die jeweils gewählten Fleischsorten am geeignetsten erschien.

Wild ist in den Wald- und Savannenregionen Westafrikas weit verbreitet. Besonders beliebt – auch in den Restaurants der Küstenstädte – ist *Bushmeat*, ein köstlicher Eintopf aus Fleisch und Gemüse, mit gebratenen Yams oder Fufu als Beilage. Welche Sorte Tier im konkreten Falle im Kochtopf landete, sollte man den Koch allerdings nicht fragen. Manchmal empfiehlt es sich, unwissend zu genießen...

Gewöhnungsbedürftig für Europäer ist sicherlich die Sitte, mit den Fingern zu essen. Ganz selbstverständlich benutzen etwa auch Geschäftsleute in vornehmen Restaurants die rechte Hand zum Essen, besonders in den anglophonen Ländern. Das Händewaschen vor der Mahlzeit stellt eine Art ritueller Handlung dar, mittels derer man sich auf das Essen vorbereitet, physisch wie psychisch. Niemals wird mit der linken Hand gegessen, denn sie gilt als unrein. Europäische Besucher bekommen allerdings bereitwillig Besteck gereicht, wenn sie darum bitten.

Nicht immer nachvollziehbar ist die Vorliebe der Westafrikaner für extrem scharfe Gerichte. Ein Essen ohne reichlich Pfeffer ist nahezu undenkbar. Manche Westafrikaner sind so sehr an die Schärfe gewöhnt, daß sie »mildes« Essen als ungenießbar ablehnen. In Ghana und Nigeria wird zuweilen sogar der Palmwein mit Pfefferschoten und Salz gewürzt. Doch die westafrikanischen Pfeffersorten sind mitnichten nur scharf, sondern wichtige Aromaträger. Sogar bei den schärfsten Gerichten verfliegt nach einigen Bissen der Schmerz, den jeder empfindet, der nicht an hier übliche Dosierungen gewohnt ist. Von da an ist die Zunge für die Nuancen der Aromen um so sensibilisierter. Das Interessante an den meisten Speisen sind die Aromen der unterschiedlichen Pfeffer. Wieviele verschiedene Sorten in Westafrika gedeihen, vermag vermutlich niemand zu sagen. In unseren Breitengraden sind sie außer in bestsortierten Gewürzläden leider kaum erhältlich. Für den europäischen Esser fügt es sich meist glücklich, daß die schärfsten Saucen als separate Beilagen zu den Gerichten gereicht werden. Die Pfeffermengen der vorliegenden Rezepte sind auf europäische Gaumen abgestimmt und nach Belieben zu steigern.

Zucker wird traditionell mit Argwohn betrachtet, gilt er doch als Krankmacher. Deshalb sind Süßspeisen – bis auf Breie, die seit der Einführung des Zuckers in Westafrika häufig stark gesüßt werden – eine Seltenheit. Eine Ausnahme bilden die islamisierten Gebiete mit arabischen Einflüssen, dort ersetzen Süßigkeiten die verbotenen Genüsse des Alkohols.

Zu den Mahlzeiten trinkt man in Westafrika Wasser. In den Ländern des Sahel und der Wüstengebiete nehmen die Menschen außerdem reichlich Tee zu sich. Der senegalesische *Bissap*, ein gesüßter Hibiskustee, wird gekühlt vor der Mahlzeit gereicht. Nach dem Essen servieren Köchin oder Koch drei Gläser: einen starken Schwarztee, für den die Blätter bis zu einer halben Stunde in Wasser köcheln; danach einen milden mit viel Zucker; und schließlich einen leichten, frischen Pfefferminztee, der nach einem ausgiebigen Mahl die Lebensgeister weckt. Wein wird höchst selten gereicht, Lagerung und Transport sind in der tropischen Hitze extrem schwierig und kostspielig. Auch Kaffee und Kakao spielen eine untergeordnete Rolle. Ghana und Côte d'Ivoire beispielsweise gehören zwar zu den weltweit größten Produzenten von Kaffee und Kakao, doch das Gebräu, das sich in diesen Ursprungsländern in der Tasse des dürstenden Kaffeefreundes wiederfindet, ist in der Regel von erlesener Geschmack- und Wirkungslosigkeit. Schokolade hat ebenfalls nie eine sonderliche Rolle gespielt.

Des weiteren sind in Westafrika vor allem Palmwein, Bier und verschiedene Schnäpse beliebt; zu den Mahlzeiten werden sie jedoch nur selten getrunken. Palmwein – aus dem Saft der Ölpalme gewonnen – ist das klassische Getränk für feierliche Anlässe. Aber auch alltags lassen sich viele Menschen das schäumende, leicht säuerliche Getränk gern schmecken. Der Nigerianer Amos Tutuola hat ihm in seinem skurrilen Roman »Der Palmweintrinker« ein literarisches Denkmal gesetzt. Der ghanaische *Akpeteshi*, ein Zuckerrohrschnaps, hält mittlerweile sogar in europäischen Spezialitätengeschäften Einzug; er ist aromatisch und weniger beißend-scharf als seine karibischen Verwandten. Bier nach Pilsener Brauart hat Afrika seit dem Zweiten Weltkrieg erobert – mit massiver Hilfestellung durch die europäischen Großbrauereien. Wer sich teures Markenbier nicht leisten kann, greift häufig zu selbstgebrautem Ersatz. Tuei und Ahai, zwei Maisbiersorten, erfüllen garantiert den ohnehin wichtigsten Zweck: Sie verhelfen zu einem ordentlichen Rausch.

Essen gehen und Kochen

Die Renaissance der westafrikanischen Küche führte in den großen Städten der Region zur Gründung zahlreicher Restaurants, die sich mit ihrem Angebot an die einheimische Oberschicht wenden. In den urigen Gartenlokalen von Accra, in den Maquis von Abidjan und Lomé, in den Bars von Lagos und vielen anderen Städten werden die Rezepte traditioneller Gerichte hervorgekramt, verfeinert und erfolgreich vermarktet.

Die meisten Reisenden jedoch lernen die hiesige Küche zunächst in den allgegenwärtigen Chop Bars, in Garküchen oder an offenen Straßenständen kennen. Die Auswahl ist groß: gebratene, geröstete, gekochte oder gedämpfte Kochbananen, Yams oder Banku, Fleischspieße oder Bratfisch, dazu Saucen. Nur Milchprodukte wie Käse, Joghurt oder Quark wird man außerhalb der nördlichen Landstriche zumeist vergebens suchen.

Ein Marktplatz ist mit Sicherheit der geeignetste Ort, um den Puls einer Region zu spüren. Nirgends wird die Vitalität, Buntheit und Schönheit Westafrikas so deutlich wie in diesen Kakophonien aus Lärm und Gerüchen. Gackernde Hühner, frischer Fisch, Gemüse von hervorragender Qualität werden feilgeboten, dazu ein Sammelsurium aller möglichen Güter aus allen möglichen Ecken der Welt. Die Märkte sind zudem Kommunikationsbörsen, politische Barometer und Identifikationspunkte. Und: Sie bilden die Machtbasis der Frau in Westafrika, denn die Frauen dominieren diesen ökonomisch wichtigen Sektor der Gesellschaft uneingeschränkt und unangefochten. Die Initiative zu vielen Reformen und Selbsthilfeprojekten in der Region, von Kreditgenossenschaften bis zu politischen Bewegungen, ging zunächst von den Märkten aus.

Die Lebensbedingungen in Westafrika sind zwischen Stadt und Land extrem unterschiedlich. Bis heute sind die wenigsten Dörfer und Gehöfte an ein Stromnetz angeschlossen, Trinkwasserleitungen stellen die Ausnahme dar. Erst eine funktionierende Stromversorgung ermöglicht den Anschluß an modernes Leben – vom Einsatz nützlicher Errungenschaften wie Kühlschränken und heller Beleuchtung bis hin zu den eher zweifelhaften Boten des Fortschritts wie Fernsehgeräten, Eierkochern und Dunstabzugshauben.

Eine typische ländliche Küche besteht aus einer eigenständigen Hütte mit mehreren Kochstellen sowie einer Vorratskammer. Die Kochstellen sind zumeist dreibeinige Gebilde aus Lehm oder Stein, die von unten mit Holz befeuert werden. Es gibt allerdings regionale Unterschiede in der Konstruktionsweise und somit runde, ovale oder eckige Kochstellen.

Fladen und Brot werden in großen Backöfen gebacken, die der Gemeinschaft gehören und die alle im Wechsel benutzen. Der wichtigste Brennstoff ist nach wie vor Holz, es ist wesentlich billiger als Gas oder Kerosin. In wohlhabenderen Häusern wird mit Holzkohle gefeuert, wobei die Feuerstelle aus einem gußeisernen »Kohlenpott« besteht. »Wo Rauch ist, da ist Leben!« lautet ein westafrikanisches Sprichwort, das den charakteristischen Anblick einer ländlichen Siedlung treffend illustriert.

Der wichtigste Gegenstand in einer westafrikanischen Küche ist ein großer gußeiserner Topf. Darin garen Kochbanen, Maniok, Mais und Hirse, bevor sie weiterverarbeitet werden. Serviert wird das Essen in irdenen Töpfen oder Aluminiumschüsseln. Vielseitig verwendbar sind Kalebassen – getrocknete Schalen einer ausgehöhlten Frucht, meist eines Kürbisses. Kleine Kalebassen dienen als Trinkgefäße, größere werden zur Aufbewahrung von Lebensmitteln verwendet. Für die Zubereitung der Breie aus Knollen, Kochbananen oder Mais sind Stampfer, Rührstäbe und Schöpfkellen aus Holz die wesentlichen Kochinstrumente. Andere nützliche Utensilien sind Holzmörser zum groben Mahlen von Mais, Reis oder Maniok; Mahlsteine oder kleinere Mörser zum Zerstampfen von Gemüse; Siebe in allen Größen zum Passieren von Palmkernen, Kokossaft oder Breien sowie eine Machete zum Öffnen von Kokosnüssen.

Maßeinheiten sind in Westafrika nirgendwo ein Thema, die Menge der Zutaten wird von Gefühl und Erfahrung bemessen. Die Fähigkeit, ohne Hilfsmittel fein zu dosieren, hat sich in Westafrika zu einer hohen Kunst herausgebildet.

Viel Spaß beim Ausprobieren und Improvisieren sowie

Yensa'kā – Guten Appetit!

Typische Zutaten

Ahai

Ahai und Tuei sind zwei Sorten Maisbier, die gemeinsam gebraut werden. Rezept siehe: Tuei

Ampesi

Ampesi ist die ghanaische Bezeichnung für Beilagen aus gekochten Maniokwurzeln, Yams, Taro oder Kochbananen. Überall in Westafrika wird Ampesi – oder wie immer auch der jeweilige lokale Name lautet – zu Saucen und Gemüsegerichten gereicht. Die Zubereitung ist denkbar einfach: Die jeweilige Knollensorte wird geschält, gegebenenfalls zerkleinert und in kochendem Salzwasser gegart (Seite 127).

Bitterleaf

Bitterleaf ist ein spinatähnliches Blattgemüse mit sehr bitterem Geschmack.

Brotfrucht

Der immergrüne tropische Brotfruchtbaum trägt glänzende, dunkle Blätter. Die länglichen Früchte haben eine feste, stachelige, gelbgrüne Schale; eine Frucht kann bis zu fünf Kilogramm schwer werden. Als Nahrungsmittel dienen vor allem die samenlosen Sorten. Brotfrüchte sind eine typische Beilage und werden wie Kartoffeln gekocht.
Der *jackfruit tree,* ein verwandter Brotfruchtbaum, der ursprünglich aus Indien und Malaysia stammt, wird bis zu fünfzig Meter hoch und trägt gewaltige Früchte von einem Gewicht bis zu 25 Kilogramm, die direkt am Stamm wachsen. Das gelbliche, weiche und süße Fruchtfleisch wird roh verzehrt, gekocht oder fritiert. Die großen weißen Samen werden geröstet, ihr Geschmack ähnelt dem von Kastanien.

Cocoyams

Cocoyams heißen die weniger edlen Vettern der königlichen Yamswurzel. Ihre Vielfalt ist enorm, um nur Eddoes, Taro und Tannia zu nennen. Sie sitzen als Wurzel mit brauner behaarter Schale direkt unter der Erde, sind kaum größer als Kartoffeln und werden wie Yams bzw. Kartoffeln zubereitet. In einigen Gegenden Westafrikas werden die Blätter der jungen Pflanzen als Gemüse gegessen.

Esaato

Esaato – so die ghanaische Bezeichnung – ist als Beilage oder Zwischenmahlzeit in ganz Westafrika verbreitet, der Name variiert je nach Region. Süßkartoffeln, Maniok, Yams oder Taro werden geschält, in Salzwasser eingeweicht und anschließend auf einem Rost gegrillt (Seite 127). Esaato schmeckt hervorragend zu Erdnüssen und Avocados.

Fufu

Überall in den südlichen Gebieten Westafrikas wird Fufu gegessen, besonders in Côte d'Ivoire, Ghana und Togo. Am besten schmeckt Fufu vielen Westafrikanern, wenn sie es als Suppenbeilage auf traditionelle Weise mit den Fingern essen. Aber Vorsicht: Das ist eine Kunst, die man von Kindesbeinen an lernen muß. Die meisten Europäer scheitern beim Versuch der Nachahmung kläglich.
Fufu, zumindest darin sind sich die Westafrikaner einig, lautet die Bezeichnung für einen Brei aus gestampften Knollenfrüchten. Was allerdings hineingehört, darüber gehen die Meinungen weit auseinander. In Côte d'Ivoire verbirgt sich hinter Fufu meist reiner Maniokbrei, in Ghana besteht Fufu in der Regel aus einer Mischung von Kochbananen und Maniok, in Nigeria gelangt als Fufu gewöhnlich ein Yams-Kloß auf den Tisch. Grundsätzlich werden Kochbananen, Maniok, Yams oder Cocoyams zunächst weichgekocht und dann in einem Mörser gestampft, bis eine feine, breiartige Masse entsteht – eine langwierige, anstrengende Prozedur, die heute in Europa nur die wenigsten auf sich nehmen würden.

Garri

Garri oder Maniokgrieß bildet in fast allen Ländern Westafrikas eine beliebte Grundlage vieler Gerichte. Für sich verspeist, stellt er nicht eben eine Herausforderung an die Geschmacksnerven dar, doch gerade deswegen eignet er sich ausge-

zeichnet als Beilage würziger Saucen und Ragouts.
Garri entsteht in einem mehrtägigen, mühevollen Prozeß aus Maniokknollen. Die Knollen werden geschält, mehrere Stunden gewässert und anschließend geraspelt. Die Masse wandert in einen Baumwollsack, der mit Gewichten beschwert wird, um alle Feuchtigkeit herauszupressen. Drei Tage bleibt der Sack stehen; am vierten wird der Inhalt in der Sonne ausgebreitet, mehrere Stunden getrocknet und anschließend in wenig Palmöl geröstet.
Wem dies zu mühsam erscheint, der folge dem Beispiel der meisten Stadtbewohner Westafrikas. Auf vielen Märkten – und in den afrikanischen Spezialitätengeschäften Europas – ist Garri in Tüten erhältlich. In dieser vorgefertigten Form läßt es sich innerhalb weniger Minuten zubereiten, indem man es mit kochendem oder kaltem Wasser übergießt und quellen läßt.

Guave

Guaven wachsen an knorrigen, bis zu zehn Meter hohen Bäumen. Die Früchte entwickeln sich bis zu einem Durchmesser von zehn Zentimetern und haben eine glatte Haut; das Fruchtfleisch ist weiß, gelb oder rosa. Guaven werden roh gegessen oder zu Gelees und Marmeladen verarbeitet. Die Früchte sind reich an Vitamin C und A und enthalten zudem Eisen und Phosphor.

Hirse

Hirse pflanzen die Bauern vorwiegend in den trockenen Gegenden Westafrikas an: im Sahel und am Rande der Wüste. Die Rezepte für gemahlene Hirse und Maismehl sind weitgehend identisch. Das Buch verzichtet deshalb auf spezielle Hirserezepte, statt Mais- kann in der Regel Hirsemehl genommen werden. Nur selten wird Hirse ungemahlen verwendet, in der Regel wird das Mehl zu Klößen oder Breien verarbeitet.
Hirsemehl ist entweder in Naturkostläden erhältlich oder läßt sich mit Hilfe einer Getreidemühle selbst erzeugen.

Hülsenfrüchte

Hülsenfrüchte, vor allem Augenbohnen *(cow peas)*, sind in ganz Westafrika verbreitet. Wegen ihres niedrigen Preises und ihrer Nahrhaftigkeit werden sie allerorts gerne konsumiert. Ein Hektar Boden, auf dem Bohnen angebaut werden, wirft das Zehn- bis Fünfzehnfache an Proteinen und Mineralstoffen von dem ab, was ein durch Viehwirtschaft genutzter Hektar Land hervorbringt.

In Westafrika, wo sich wenige Menschen täglich Fleisch leisten können, tragen Hülsenfrüchte wesentlich zu einer ausgewogenen Ernährung bei.

Kochbanane

Kochbananen oder *plantains* gelangten mit den Karawanen arabischer Kaufleute aus Indien nach Afrika. Sie sind größer als die in Europa handelsüblichen Bananen, die Färbungen der Schale reichen von grün über braun-gelb bis rötlich. Roh sind sie ungenießbar, sie werden deshalb vorzugsweise wie Kartoffeln gekocht oder gebraten. Fliegende Händler bieten gegrillte Kochbananen als beliebten Snack an. In Deutschland sind sie in gutsortierten Gemüsegeschäften oder in Asien- und Afrikaläden erhältlich. Kochbananen schält man am besten unter laufendem Wasser, um klebrige Hände zu vermeiden.

Die Blätter der Bananenbäume dienen zahlreichen Zwecken: zum Einwickeln und Schmoren von Nahrungsmitteln, zum Abdecken von Kochtöpfen, als Viehfutter oder Verpackungsmaterial.

Kolanuß

Die Kolanuß, obwohl unscheinbar, rötlich und sehr bitter, ist die wichtigste Pflanze Westafrikas. In allen Gebieten und Ländern kommt ihr eine kultische Bedeutung zu. Bei hohen Festen, zur Begrüßung bedeutender Gäste und zu Beginn wichtiger Gespräche verteilt der Gastgeber Kolanüsse. Besucher sollten ein angebotenes Kolastück keinesfalls zurückweisen, da dies als schwere Beleidigung gilt.

Mais

Ein typisch afrikanisches Bild zeigt Frauen oder Kinder, die in großen Mörsern Getreide stampfen. Meistens handelt es sich bei dem Getreide, das da so mühevoll bearbeitet wird, um Mais, dessen Mehl die Grundzutat vieler westafrikanischer Gerichte bildet.
In Europa gibt es Maismehl – man kann auch grobkörnige Polenta verwenden – in Kaufhäusern oder Afrikaläden zu kaufen. Maismehl läßt sich selbst herstellen, indem man getrocknete oder entwässerte Maiskörner in einer Küchenmaschine fein mahlt.

Malaguetta

siehe: Pfeffer

Maniok

Maniok, auch Cassava oder Tapioca genannt, ist eines der wichtigsten Grundnahrungsmittel in Westafrika. Die Pflanze zählt zu den Wolfsmilchgewächsen des tropischen Regenwaldes und wird zur Stärkegewinnung und als Nahrungsmittel angebaut. Die voluminösen Wurzeln sind ursprünglich im tropischen Südamerika, Mexiko und in der Karibik beheimatet. Sie gelangten durch die Portugiesen nach Afrika und wurden dort rasch heimisch. Die Kultivierung von Maniok bietet viele Vorteile, weil die Wurzeln schnell und unter fast allen Bodenverhältnissen wachsen; auch lassen sie sich ohne nennenswerten Aufwand über längere Zeit lagern. Der große Nachteil besteht allerdings in ihrem geringen Nährwert, da Maniok fast ausschließlich Kohlehydrate enthält.
Maniok muß sorgfältig geschält und durchgegart werden, da die Schale mancher Sorten geringe Anteile Blausäure enthält, die sich beim Kochen neutralisiert.

Okra

Okra heißt eine asiatische Malvengewächsart, die mittlerweile in allen tropischen Gebieten der Welt angebaut wird. Ihre Früchte sind hellgrüne, sechskantige, etwa zehn Zentimeter lange Schoten, die Peperoni ähneln. Im Geschmack sind sie mild und bohnenähnlich. Okras haben wenig

Kalorien und enthalten reichlich Vitamin A und C sowie Mineralstoffe. Sie werden in Salzwasser gegart und als Gemüse oder Salat zubereitet. Beim Kochen weichen Okras auf und sondern Schleim ab; daher empfiehlt sich die Beigabe von reichlich Essig oder Zitronensaft. Westafrikanische Köchinnen und Köche verwenden sie für Saucen und Suppen.

Palmöl

Die Ölpalme stammt aus Guinea; ihre rundlichen, meist 15 bis 25 Kilogramm schweren Fruchtstände setzen sich aus tausend bis viertausend Früchten zusammen. Aus derem äußeren Fruchtfleisch wird ein rötliches Öl gewonnen, das überall in Westafrika zum Kochen verwendet wird. Es dient zudem als Schmiermittel in der Eisen- und Stahlindustrie sowie in der Seifenfabrikation und der Margarineherstellung. Die ökonomische Bedeutung der Ölpalme ist enorm: Sie ist für Afrika zum wichtigsten Wirtschaftsgut der Neuzeit geworden. Bereits in der Kolonialzeit wurde sie in riesigen Plantagen kultiviert und das Öl nach Europa exportiert. Die wesentlichen Anbauflächen liegen im Gebiet der heutigen Staaten Nigeria, Ghana und Côte d'Ivoire.
Ein weiteres wichtiges Produkt der Ölpalme ist der allseits beliebte Palmwein, der aus dem Stamm gewonnen wird. Er schmeckt wie saurer Federweißer und gärt genauso schnell.

Papaya

Papayas wachsen in den Tropen wie Äpfel in nördlichen Klimazonen. Aus Südamerika fand die Pflanze den Weg nach Afrika. Die Früchte können bis zu fünf Kilogramm schwer werden. Unter der gelbgrünen Außenhaut steckt saftigrotes, butterzartes Fruchtfleisch. Papayas sind säurefrei und schmecken köstlich, ihr Aroma ähnelt dem von Melonen. Neuerdings werden Papayas in Großplantagen für den Export kultiviert.

Pfeffer

Piment, Malaguetta, Pilipili, Chili – das sind einige der vielen Pfeffersorten Westafrikas. Die ursprüngliche Heimat des Pfeffers ist unbekannt, doch versetzte er für einige Jahrhunderte ganz Europa in Aufregung; die Entdeckungsfahrten nach Indien und Amerika galten vor allem ihm. Die Gebiete der heutigen Staaten Liberia und Sierra Leone wurden als »Pfefferküste« von den europäischen Kolonisatoren ausgebeutet. Pfeffer ist überaus gesund, enthält viel Vitamin C und wirkt verdauungsfördend.
Die meisten afrikanischen Pfeffersorten sind bei uns nur schwer erhältlich. Wer das Glück hat, frischen afrikanischen Pfeffer zu ergattern, sollte beim Zerschneiden der Schoten auf der Hut sein und jede Berührung mit dem Gesicht vermeiden, besonders mit den Augen: Manche Pfeffersorten sind so scharf, daß allein das Anfassen zu Hautrötungen führen kann. Es lohnt sich, beim Kochen die unterschiedlichen Arten auszuprobieren. Der Einfachheit halber sind in den Rezepten dieses Buches in der Regel Chilis angegeben.

Süßkartoffel

Süßkartoffeln oder Bataten sind in Afrika nicht so weit verbreitet wie Yams oder Maniok, erfreuen sich allerdings seit einigen Jahren zunehmender Popularität. Zwei Hauptsorten werden unterschieden: Die eine hat eine gelbliche Schale und gelbliches Fruchtfleisch, die andere eine rötliche Schale und ein weißes Inneres. Die zweite Sorte ist mittlerweile auch in Europa erhältlich.
Verglichen mit anderen Knollengewächsen, verfügen Süßkartoffeln über weit mehr Nährstoffe, Vitamine und pflanzliches Eiweiß. Die Zubereitung von Süßkartoffeln ist identisch mit der von Kartoffeln. Es empfiehlt sich, die Süßkartoffeln in der Schale zu garen; die wertvollen Nährstoffe bleiben auf diese Weise besser erhalten.

Taro

siehe: Cocoyams

Tuei

Tuei und Ahai sind die ghanaischen Bezeichnungen für zwei verschiedene Sorten von Maisbier, das in ganz Westafrika in Eigenproduktion gebraut wird. Ein Versuch der Nachahmung wird empfohlen: 5 Tassen frische Maiskörner in kaltem Wasser drei Tage lang einweichen. Die Flüssigkeit abgießen und den Mais auf einem Baumwolltuch ausbreiten. Drei Tage gären lassen. Waschen und im Mixer pürieren. Durch ein Sieb streichen, die Flüssigkeit auffangen und in einem großen Topf zum Kochen bringen. Zwei Stunden lang unter ständigem Rühren bei mittlerer Hitze kochen. Die braune Flüssigkeit, die nach oben tritt – das Ahai –, abschöpfen. Das Tuei, die verbleibende helle Flüssigkeit, ebenso wie Ahai vor Genuß gut kühlen.

Yams

Historisch und kulturell ist die Yamswurzel die unangefochtene Königin der westafrikanischen Nutzpflanzen. In zahlreichen Liedern und Gedichten werden die Qualitäten der Pflanze gepriesen. Bei etlichen westafrikanischen Völkern haben Yams eine mythische oder rituelle Bedeutung, für die wichtigsten Feste werden Yams zubereitet. Bestimmte Sorten dürfen nur von Männern angebaut werden, andere sind ausschließlich den Frauen vorbehalten.
Ein Kindergedicht über Yams stammt von dem Volk der Yoruba, das im Westen Nigerias und im Osten Benins beheimatet ist:

> Yam, Yam, Yam.
> Du bist von reinstem Weiß.
> Du hast einen Umhang von Fleisch.
> Du hast eine Mütze von Gemüse.
> Du hast Hosen von Fisch.
> Yam, oh Yam, oh Yam.

Nach den aus Südamerika übernommenen Maniokwurzeln sind die urafrikanischen Yams mit ihrer dicken rauhen Schale die Nummer zwei unter den Standardbeilagen der westafrikanischen Küche. Yams enthalten neben Kohlehydraten eine ganze Reihe Vitamine und wichtige

Spurenelemente. Sie sind daher für die tägliche Ernährung wertvoller als die nährstoffarmen Maniokwurzeln. Das Fleisch der bis zu ein Meter langen Wurzelknollen kann eine weiße, gelbe oder rötliche Farbe haben und zuweilen sehr faserig sein. Gelbe Yams eignen sich gut als Ersatz für Salzkartoffeln, weiße sollten besser zu Fufu gestampft werden. Zunächst jedoch werden Yams in jedem Fall geschält, in fingerdicke Scheiben geschnitten und in leicht gesalzenem Wasser gekocht; die Scheiben können auch in wenig Öl gebraten werden.

Reisküche auf der
Straße bei Accra

Marktfrau in Lomé, Togo

Garküche auf einer Marktstraße in Togo

Vorspeisen und Snacks

Rindfleischspießchen
Suya (Burkina Faso)

für 6 Personen

500 g Rindfleisch
1 Tasse Grillpulver (Seite 82)
Pflanzenöl

◆ Das Fleisch würfeln, salzen und auf Metall- oder Holzspieße stecken. Die Spieße reichlich mit Grillpulver bedecken, auf den Grill legen und grillen, bis sie braun und knusprig sind. Häufig wenden und gelegentlich mit Öl bepinseln, damit das Fleisch nicht zu trocken wird.

Bemerkung:
Rindfleischspießchen schmecken besonders gut zu Bier und Cocktails.

Hühnerspießchen
Poulet à la brochette (Togo)

für 6 Personen

500 g Hühnerfilet
1 Zwiebel
1 grüne Paprikaschote
1 Tasse Grillpulver (Seite 82)
Pflanzenöl

◆ Das Huhn in kleine Stücke zerlegen und salzen. Zwiebel und Paprika grob würfeln. Abwechselnd Hühner-, Zwiebel- und Paprikawürfel auf Metall- oder Holzspieße stecken. Die Spieße reichlich mit Grillpulver bedecken, auf den Grill legen und grillen, bis sie braun und knusprig sind. Häufig wenden und gelegentlich mit Öl bepinseln, damit Huhn und Gemüse nicht zu trocken werden.

Gegrillte Schnecken
Grilled snails (Liberia)

für 8 Personen

500 g Weinbergschnecken ohne Schale
Pimentkörner
1 Bund Petersilie
1 Tasse Palmöl

◆ Die Schnecken salzen, pfeffern und jeweils fünf Stück in Aluminiumfolie wickeln. Diese Päckchen in Holzkohlenglut oder im Backofen etwa 10 Minuten garen.
Die zerstoßenen Pimentkörner und die gehackte Petersilie mit dem Öl verrühren.
Die Schnecken auswickeln, auf einer Platte anrichten und vor dem Servieren mit der Petersiliensauce übergießen.

Fleischpastete
Meat pie (Ghana)

für 4 Personen

250 g Rindergulasch
2 gehackte Zwiebeln
geriebene Muskatnuß
Curry
1 Eigelb
Pflanzenöl

für den Teig:
500 g Mehl
200 g Butter
2 Eier
¼ l Milch

◆ Das Fleisch sehr klein würfeln. Öl erhitzen und die Fleischwürfel darin anbraten. Nach 5 Minuten die Zwiebeln zum Fleisch geben. Mit Muskat, Curry, Pfeffer und Salz abschmecken, weitere 5 Minuten braten. Zur Seite stellen.
Für den Teig Mehl und Butter vermengen. Die Eier schaumig schlagen und zum Mehl geben. Nach und nach die Milch zugießen, mit schwarzem Pfeffer würzen. Gut verrühren und zu einem Teig kneten. Sollte der Teig zu weich sein, etwas Mehl untermengen.
Den Teig dünn ausrollen. Jeweils 1 gehäuften EL Fleisch-Zwiebel-Mischung auf den Teig setzen, zusammenfalten und den Teig an den Rändern mit einer Gabel zusammendrücken. Die Pasteten mehrfach einstechen und auf ein Backblech legen. Mit Eigelb bestreichen.
Die Pasteten im auf 250° vorgeheizten Ofen etwa 20 Minuten backen.

Variante:
Die Fleisch- durch eine Gemüsefüllung nach Geschmack ersetzen.

Pfeffereier
Kintampo fresh (Ghana)

für 4 Personen

8 Eier
6 Tomaten
1 kleines Stück Ingwerwurzel
3 gehackte Zwiebeln
3 gehackte Pfefferschoten
8 Scheiben Weißbrot

◆ Die Eier hart kochen, pellen und zur Seite stellen.
Tomaten würfeln, Ingwer hacken. Mit Zwiebeln und Pfefferschoten im Mixer pürieren. Die Paste mit Salz abschmecken und auf vier Teller verteilen.
Pro Person je zwei Eier und zwei Scheiben Brot dazu anrichten und servieren.

Gemüse-Omelett

Omelettes aux légumes (Guinea)

für 6 Personen

150 g Pilze
150 g Erbsen
4 Eier
Milch
2 gehackte Zwiebeln
2 Tomaten
6 Scheiben Weißbrot
1 EL Pflanzenöl

◆ Die Pilze hacken und mit den Erbsen in wenig Wasser dünsten. Die Eier mit etwas Milch, Pfeffer und Salz schaumig schlagen.
Öl erhitzen und die Zwiebeln darin glasig braten. Die Tomaten würfeln und zu den Zwiebeln geben. Etwa 5 Minuten weiterbraten, dabei ständig rühren. Wenn nötig, etwas Wasser zugeben. Pilze und Erbsen hinzufügen. Die Sauce aufkochen.
Nach 3 Minuten die Eimasse über die Sauce gießen. Bei verringerter Hitze weiterbraten, bis die Eier gestockt sind.
Auf getoasteten Brotscheiben verteilen und heiß servieren.

Bemerkung:
Wird durch Beigabe von gebackenem Eddoes-Püree (Seite 129) zu einem Hauptgericht.

Sardinen-Omelett

Sardine omelettes (Sierra Leone)

für 4 Personen

400 g Ölsardinen
4 Eier
Milch
2 gehackte Zwiebeln
2 Tomaten
4 Scheiben Weißbrot
4 Oliven
1 EL Pflanzenöl

◆ Die Eier mit etwas Milch, Pfeffer und Salz schaumig schlagen.
Öl erhitzen und die Zwiebeln darin glasig braten. Die Tomaten würfeln und zu den Zwiebeln geben. 3 Minuten gut durchrühren.
Die Ölsardinen samt Öl zugeben, 3 Minuten weiterbraten.
Die Eimasse über die Sardinen geben. Bei mittlerer Hitze weiterbraten, bis die Eier gestockt sind.
Auf getoasteten Brotscheiben verteilen, mit Oliven garnieren und heiß servieren.

Fischpasteten
Molho de peixe
(Kapverdische Inseln)

für 4 Personen

250 g Fischfilet
¼ TL Malaguetta
1 gehackte Zwiebel
1 gehackte Knoblauchzehe
1 Lorbeerblatt
1 Paprikaschote
Pflanzenöl

für den Teig:
100 g Mehl
1 Eigelb
2 TL Backpulver

◆ Den Fisch in leicht gesalzenem Wasser etwa 5 Minuten garen und zerpflücken. Mit Malaguetta, Zwiebel, Knoblauch und zerkleinertem Lorbeer zu einer dicken Paste verrühren. Die Paprika sehr fein würfeln und untermischen. Die Fischfüllung zur Seite stellen.
Für den Teig nach und nach Mehl und 1 TL Salz zu 1 Tasse Wasser geben und unterkneten. Eigelb, Backpulver sowie 2 TL Öl hinzufügen und zu einem festen Teig kneten. Wenn nötig, Mehl zufügen. 5 bis 10 Minuten ruhen lassen.
Den Teig dünn ausrollen. Jeweils 1 gehäuften TL Fischfüllung nebeneinander auf den Teig setzen. Wenn eine Reihe vollständig ist, einen Streifen Teig über die Füllungsportionen falten und Pasteten abteilen. Dies wiederholen, bis Füllung und Teig aufgebraucht sind.
In einer schweren Pfanne 2 EL Öl erhitzen und die Pasteten von beiden Seiten darin braten, bis sie braun und knusprig sind.
Warm oder kalt servieren.

Bemerkung:
Fischpasteten schmecken besonders gut zu Weiß- oder Rotwein.

Fischbällchen »Lagos«
Fish balls »Lagos«
(Nigeria)

1 Stunde Kochzeit
für 10-15 Stück

500 g Fischfilet
2 EL Butter
100 g Mehl
400 ml Sahne
frischer Thymian
1 Zitrone (Saft)
1 Ei
Paniermehl
Pflanzenöl

◆ Den Fisch in Stücke schneiden und dünsten, bis er fast zerfällt.
Butter erhitzen. Mehl einrühren und hellgelb werden lassen. Sahne zugießen und gut durchrühren, damit sich keine Klümpchen bilden – die Sauce sollte eine breiartige Konsistenz erhalten.
Den Fisch beifügen. Salzen, pfeffern, mit Thymian sowie Zitronensaft abschmecken und gut durchmischen. Die Masse abkühlen lassen.
Aus der Fischmasse zehn bis fünfzehn Bällchen formen, in verschlagenem Ei und Paniermehl wälzen.
Reichlich Öl erhitzen und die Fischbällchen darin schwimmend ausbacken.

Thunfischpasteten
Pastetes de atum
(Kapverdische Inseln)

für 40 Stück

400 g Thunfisch
(frisch oder Konserve)
1 gehackte Chili
1 gehackte Zwiebel
Malaguetta
Pflanzenöl

für den Teig:
100 g Mehl
1 Eigelb
2 TL Backpulver

◆ Den Fisch gegebenenfalls dünsten und zerpflücken. Mit Chili und Zwiebel vermengen, mit Malaguetta abschmecken.
Für den Teig nach und nach Mehl und 1 TL Salz zu 1 Tasse Wasser geben und unterkneten. Eigelb, Backpulver sowie 2 TL Öl hinzufügen und zu einem festen Teig kneten. Wenn nötig, Mehl zufügen. 5 bis 10 Minuten ruhen lassen.
Den Teig dünn ausrollen. Jeweils 1 gehäuften TL Fischfüllung nebeneinander auf den Teig setzen. Wenn eine Reihe vollständig ist, einen Streifen Teig über die Füllungsportionen falten und Pasteten abteilen. Dies wiederholen, bis Füllung und Teig aufgebraucht sind.
Pasteten in Öl schwimmend ausbacken.
Warm oder kalt servieren.

Bemerkung:
Thunfischpasteten eignen sich auch als Zwischengericht eines Menüs.

Fischbällchen »Cotonou«
Boules à poisson (Benin)

am Vortag beginnen
für 4 Personen

250 g Trockenfisch
250 g Kabeljaufilet
2 Eier
1 Tasse Weizenmehl
¼ l Milch
1 gehackte Zwiebel
1 gehackte Knoblauchzehe
Paniermehl
3 EL Butter

zum Garnieren:
1 Bund Petersilie
1 Zitrone

◆ Den Trockenfisch über Nacht wässern. Am nächsten Tag in wenig Wasser 20 Minuten dünsten.
Den Trockenfisch zerpflücken, den Kabeljau sehr klein schneiden. Die Eier schaumig schlagen. Das Weizenmehl unter ständigem Rühren beifügen, damit sich keine Klümpchen bilden. Nach und nach die Milch zugießen. Zwiebel, Knoblauch sowie eine Prise schwarzen Pfeffer hinzufügen. Gut durchrühren.
Trockenfisch und Kabeljau beifügen und erneut gut durchrühren. Sollte die Masse zu weich sein, etwas Paniermehl zugeben. Abkühlen lassen.
Aus der Fischmasse zwölf Bällchen formen und in Paniermehl wälzen.
Butter erhitzen und die Bällchen darin braten, bis sie eine braune Farbe annehmen. Herausnehmen und auf Küchenpapier abtropfen lassen.
Auf einer Platte anrichten und mit Petersilienstengeln sowie Zitronenscheiben garnieren.

Pfefferhummer auf Spießchen

Sesse suya (Ghana)

1½ Stunden Kochzeit
für 6 Personen

6 kleine Hummer
4 gehackte Zwiebeln
4 gehackte Knoblauchzehen
Pflanzenöl
1 Tasse Tomatenmark
Curry
geriebene Muskatnuß
8 Tomaten
2 EL Mehl
½ TL Pfefferpaste
1 Zitrone (Saft)
gehackte Petersilie
2 TL Butter

◆ 2 Tassen Wasser, die Hälfte der Zwiebeln und des Knoblauchs, etwas Pfeffer, eine Prise Salz sowie einen Schuß Öl miteinander verrühren. Die Hummer in die Marinade legen und eine Stunde ziehen lassen, gelegentlich wenden.
Die Hummer in der Marinade kurz aufkochen. Das Fleisch auslösen, auf Spieße stecken und auf eine hitzebeständige Platte legen.
In der Zwischenzeit Butter erhitzen, die restlichen Zwiebeln und den Knoblauch darin anbraten. Tomatenmark, Curry, Muskat, etwas Salz und die geviertelten Tomaten beifügen. Mit Mehl binden. Zudecken und bei mittlerer Hitze durchbraten, gelegentlich umrühren.
Die Pfefferpaste zur Sauce geben und einkochen. Die Sauce über die Hummer verteilen und im vorgeheizten Ofen 15 Minuten überbacken.
Mit Zitronensaft beträufeln, Petersilie darüberstreuen und warm servieren.

Bemerkung:
In Westafrika gilt Hummer nicht als Luxus, im Gegenteil: Oft sind sie der einzige Fang, den die Küstenfischer mit nach Hause bringen. Dabei werden die westafrikanischen Hummer bei weitem nicht so groß wie amerikanische und kanadische. Beim Einkauf kann man deshalb kleinere Exemplare oder auch Langusten wählen.
Wird durch Beigabe von Reis, Garri oder Ampesi (Seite 127) zu einem Hauptgericht.

Garnelen in Palmöl
Shrimps in palm oil
(Liberia)

1 Stunde Kochzeit
für 6 Personen

300 g geschälte Garnelen
5 Eierfrüchte oder
3 kleine Auberginen
½ Tasse Erbsen
2 Tomaten
1 gehackte Zwiebel
2 gehackte Knoblauchzehen
gemahlene Chilis
2 Eigelb
Palmöl

◆ Die Eierfrüchte häuten und dünsten. Die Erbsen in wenig Wasser garen.
Öl erhitzen. Die Tomaten vierteln und mit Zwiebel, Knoblauch sowie je einer Prise Chili und Salz unter Rühren zugeben. Mit 1 Tasse Wasser ablöschen und 3 Minuten aufkochen.
Einige Garnelen kurz garen und zur Seite stellen. Die übrigen Garnelen sowie die Erbsen in die Sauce geben. Die Hitze verringern und das Eigelb allmählich in die Sauce rühren, bis die Flüssigkeit eingedickt ist.
Die Eierfrüchte in dünne Scheiben schneiden und kurz vor Ende der Kochzeit in die Sauce geben. Gut durchrühren. Bei niedriger Hitze 10 Minuten köcheln.
Vor dem Servieren mit den gekochten Garnelen belegen.

Garnelencocktail mit Avocados
Avocado shrimp cocktail
(Sierra Leone)

für 4 Personen

500 g geschälte Garnelen
1 EL Essig
1 EL Sherry
1 EL Olivenöl
1 Bund Dill
2 gehackte Knoblauchzehen
2 gehackte Frühlingszwiebeln
2 gehackte Pfefferschoten
Pfeffersauce (Seite 119)
3 TL Mayonnaise
2 Avocados

◆ Die Garnelen in wenig Wasser kurz garen.
Essig, Sherry und Öl verrühren. Den Dill hacken. Knoblauch, Zwiebeln, Pfefferschoten und die Hälfte des Dills zugeben. Mit Pfeffersauce und Salz abschmecken. Die gekochten Garnelen zugeben und 20 Minuten ziehen lassen.
Die Mayonnaise unterziehen. Die Garnelen auf Avocadohälften anrichten und mit dem restlichen Dill garnieren.

Garnelenpastete
Paté de crevettes
(Kamerun)

1½ Stunden Vorbereitungs- und Kochzeit
für 4 Personen

600 g geschälte Garnelen
4 gehackte Knoblauchzehen
1 gehackte Zwiebel
1 Bund Petersilie
geriebene Muskatnuß
gemahlener Piment
Butter

◆ Die Garnelen mit Knoblauch, Zwiebel, gehackter Petersilie, etwas Salz, Muskat und Piment im Mixer pürieren.
Eine hitzebeständige Form mit Butter einfetten. Die Garnelenpaste hineingeben und im vorgeheizten Ofen bei mittlerer Hitze etwa eine Stunde backen.
Heiß oder kalt servieren.

Kochbananen-Chips »Aloko«
Aloko (Côte d'Ivoire)

für 6 Personen

4 reife Kochbananen
Palmöl

◆ Die Kochbananen in fingerdicke Scheiben schneiden und 15 Minuten in gesalzenes Wasser legen.
Öl erhitzen. Die Bananenstücke mit Küchenpapier abtupfen und in das heiße Öl geben. Etwa 3 Minuten knusprig braten, dabei wenden.
Herausnehmen und auf Küchenpapier kurz abtropfen lassen. Heiß servieren.

Bemerkung:
Aloko können problemlos im Backofen aufgewärmt werden.

Kochbananen-Chips »Kelawele«
Kelawele (Ghana)

für 6 Personen

4 reife Kochbananen
2 gehackte Chilis
1 TL gemahlener Ingwer
Erdnußöl

◆ Die Kochbananen in fingerdicke Scheiben schneiden und 15 Minuten in gesalzenes Wasser legen.
Öl erhitzen. Die Bananenstücke mit Küchenpapier abtupfen und in das heiße Öl geben. Die Chilis beifügen. Etwa 3 Minuten knusprig braten. Mit Ingwer bestreuen.
Herausnehmen und auf Küchenpapier abtropfen lassen.

Knusperbananen
Plantain crisps (Ghana)

für 4 Personen

3 unreife Kochbananen
Erdnußöl

◆ Die Kochbananen quer in fingerlange Stücke und längs in 1 cm breite Streifen schneiden. 15 Minuten in gesalzenes Wasser legen.
Reichlich Öl erhitzen. Die Bananenstreifen mit Küchenpapier abtupfen und in das heiße Öl geben. 3 Minuten fritieren.
Herausnehmen, auf Küchenpapier abtropfen und abkühlen lassen.

Bemerkung:
Knusperbananen sind als Reiseproviant beliebt und schmecken besonders gut zu Erdnüssen und eiskaltem Bier.

Fritierte Yams
Yam fritters (Nigeria)

für 4-6 Personen

500 g Yams
Pflanzenöl

◆ Yams in kleine Stücke oder dünne Scheiben schneiden. Mindestens 5 Minuten in gesalzenes Wasser legen.
Reichlich Öl erhitzen. Die Yamsstücke mit Küchenpapier abtupfen und in das heiße Öl geben; fritieren.
Herausnehmen und auf Küchenpapier kurz abtropfen lassen. Heiß servieren.

Bemerkung:
Fritierte Yams werden meist mit Saucen aus Zwiebeln und Spinat oder Auberginen gegessen: Spinatsauce (Seite 123), Grüne Sauce (Seite 121), Gartensauce (Seite 121), Auberginenpaste (Seite 120). Wer dem Genuß eine noch pikantere Note verleihen möchte, reicht außerdem Pfeffersauce (Seite 119) zum Tunken.

Variante:
Statt Yams Cocoyams oder Süßkartoffeln verwenden.

Maniokbällchen
Bankye kakro (Ghana)

1 Stunde Kochzeit
für 6 Personen

500 g Maniok
1 Kokosnuß
2 Eier
150 g Mehl
Pflanzenöl

◆ Maniok und Kokosnuß raspeln, den Saft herauspressen. Maniok- und Kokosraspel mit den verschlagenen Eiern und dem Mehl mischen; salzen und pfeffern. Aus der Masse Bällchen formen.
Öl erhitzen und die Bällchen darin goldbraun braten.
Heiß servieren, Erdnüsse und Pfeffersauce (Seite 119) dazu reichen.

Avocadobällchen
Avocado balls (Ghana)

für 6 Personen

3 Avocados
3 Möhren
2 gehackte Zwiebeln
1 gehackte Knoblauchzehe
2 EL Zitronensaft
1 TL Paprika
1 Kopfsalat

◆ Die Avocados mit einer Gabel zerdrücken. Die Möhren raspeln, einen Großteil mit Zwiebeln und Knoblauch zu den Avocados geben. Zitronensaft, Paprika und etwas Salz beifügen.
Aus der Avocadomasse kleine Kugeln formen, in den restlichen geraspelten Möhren wälzen und auf je einem Salatblatt anrichten.

Bohnenküchlein
Akla (Ghana)

am Vortag beginnen
für 6 Personen

500 g weiße Bohnen
¼ l Gemüsebrühe
Pflanzenöl

◆ Die Bohnen über Nacht wässern. Am nächsten Tag im Mixer pürieren; nach und nach Gemüsebrühe beifügen, bis eine glatte, feste Masse entsteht. Mit Salz und schwarzem Pfeffer abschmekken. Etwa 30 Minuten stehen lassen.
Öl erhitzen und die Bohnenmischung in eßlöffelgroßen Portionen darin goldbraun braten.
Heiß servieren und Weißbrot dazu reichen.

Erbsenbällchen
Akara (Nigeria)

1½ Stunden Vorbereitungs- und Kochzeit
für 4 Personen

1 Tasse getrocknete Erbsen oder Augenbohnen
1 Ei
1 gehackte Frühlingszwiebel
1 gehackte Chili
Pflanzenöl

◆ Die Erbsen mindestens 30 Minuten wässern. Anschließend mit den Händen im Wasser reiben, bis sich alle Schalen gelöst haben.
Die Erbsen im Mixer mit wenig Wasser pürieren. Ei, Zwiebel, Chili sowie eine Prise Salz beifügen. Gut durchmischen. Aus der Paste Bällchen formen.
Öl erhitzen und die Bällchen darin goldbraun braten. Kurz auf Küchenpapier abtropfen lassen. Heiß servieren und Pfeffersauce (Seite 119) dazu reichen.

Maisbällchen
More krakro (Ghana)

1 Stunde Kochzeit
für 6 Personen

250 g Maismehl
½ Tasse Reismehl
4 gehackte Zwiebeln
1 TL Paprika
½ TL gemahlener Ingwer
Palmöl

◆ Mais- und Reismehl mischen; dabei löffelweise Wasser zugeben, bis eine breiartige Konsistenz erreicht ist. Zwiebeln sowie je eine Prise Pfeffer und Salz zugeben. Durchrühren, mit Paprika und Ingwer abschmecken. 30 Minuten stehen lassen.
Aus der Masse Bällchen formen. Öl erhitzen und die Bällchen darin goldbraun braten.
Heiß servieren und Pfeffersauce (Seite 119) dazu reichen.

Gebratene Pilze
Nkye mmire (Ghana)

für 6 Personen

300 g Yams
2 Eier
500 g gemischte Pilze
2 gehackte Zwiebeln
50 g gehackter frischer Koriander
100 g Butter
Palmöl

◆ Yams in etwa 3 cm dicke Scheiben schneiden und gar kochen. Die Eier mit je einer Prise Pfeffer und Salz verschlagen, die Yamsscheiben in der Eimasse wälzen.
Butter erhitzen und die Yamsscheiben von beiden Seiten darin goldbraun braten. Warm stellen.
Die Pilze in Scheiben schneiden. Öl erhitzen, Pilze und Zwiebeln 5 Minuten darin braten.
Mit ½ Tasse Wasser ablöschen. Zudecken und 5 bis 10 Minuten köcheln.
Die gegarten Pilze auf die gebratenen Yams schichten. Mit Koriander bestreuen und heiß servieren.

Champignonspieße
Saasee special (Ghana)

für 6 Personen

500 g Champignons
300 g Kartoffeln
2 Zwiebeln
1 Paprikaschote
50 g gehackter frischer Koriander
Butter

◆ Die Champignons in grobe Stücke schneiden und 10 Minuten in Butter schmoren. Vom Herd nehmen und in kaltem, gesalzenem Wasser abschrecken. Zur Seite stellen.
Die Kartoffeln würfeln und garen. Zwiebeln in Ringe, Paprika in Streifen schneiden.
Abwechselnd Champignons, Zwiebelringe, Kartoffelwürfel und Paprikastreifen auf Spießchen stecken. Mit Koriander bestreuen und im vorgeheizten Ofen kurz überbacken.
Heiß servieren.

Gemüsebratlinge
Vegetable jamboree (Nigeria)

für 6 Personen

3 Süßkartoffeln
2 Tarowurzeln
1 Yams
2 reife Kochbananen
Pflanzenöl

◆ Süßkartoffeln, Taro und Yams in kleine Stücke schneiden und 30 Minuten in gesalzenes Wasser legen.
Die in Scheiben geschnittenen Kochbananen 3 Minuten ebenfalls in gesalzenes Wasser legen.
Die Gemüse mit Küchenpapier abtupfen. Reichlich Öl erhitzen und die Gemüse in kleinen Portionen darin goldbraun braten. Die einzelnen Portionen im Backofen warm halten.
Vor dem Servieren mit Salz bestreuen, dazu Saucen nach Geschmack reichen.

Erdnußbällchen
Kulikuli (Nigeria)

für 4 Personen

500 g ungesalzene Erdnüsse
1 gehackte Zwiebel
Cayennepfeffer
Erdnußöl

◆ Die Erdnüsse ohne Öl rösten. In einen Mixer geben und mit etwas Öl zerkleinern, bis eine glatte Masse entsteht. Herausnehmen und überschüssiges Öl auspressen bzw. abschöpfen.
1 TL Öl erhitzen und die Zwiebel darin glasig braten. Zur Erdnußmasse geben, mit Cayennepfeffer und Salz abschmecken. Gut durchmischen. Aus der Masse Bällchen formen.
Reichlich Öl erhitzen und die Bällchen 3 Minuten darin fritieren.
Herausnehmen und auf Küchenpapier kurz abtropfen lassen. Heiß servieren.

Suppen

Okrasuppe
Soupe de gombo (Togo)

für 6 Personen

150 g Dörrfleisch
250 g Suppenfleisch vom Rind
24 Okras
6 Tomaten
3 gehackte Zwiebeln
2 gehackte Chilis

◆ Das Fleisch würfeln. Okras kleinschneiden und Tomaten vierteln.
1 l Wasser mit einer Prise Salz zum Kochen bringen. Nacheinander Fleisch, Okras, Tomaten, Zwiebeln und Chilis hineingeben und bei hoher Temperatur etwa 10 Minuten kochen.
Bei verringerter Hitze weitere 10 Minuten gar köcheln.
Beilage: Fufu (Seite 127), Banku (Seite 133), Kenkey (Seite 135) oder Brot

Palmsuppe
Abenkwan (Ghana)

für 4 Personen

100 g Dörrfleisch
500 g Suppenfleisch vom Rind
4 Tomaten
2 Lorbeerblätter
2 Tassen Palmsud (Konserve)
2 gehackte Zwiebeln
3 gehackte Knoblauchzehen
2 gehackte Chilis

◆ Das Fleisch würfeln und die Tomaten vierteln.
1 l Wasser mit Lorbeerblättern und einer Prise Salz zum Kochen bringen. Den Palmsud zugießen und umrühren. Fleisch, Tomaten, Zwiebeln, Knoblauch und Chilis in den kochenden Sud geben. 30 Minuten garen, gelegentlich umrühren.
Beilage: Weißbrot, Couscous, Garri oder Fufu (Seite 127)

Kürbiskernsuppe
Ugu soup (Nigeria)

für 4 Personen

1 Suppenhuhn
6 Okras
4 Tomaten
1 Lorbeerblatt
2 gehackte Zwiebeln
2 gehackte Knoblauchzehen
2 gehackte Pfefferschoten
250 g Kürbiskerne
2 EL Tomatenmark
Pflanzenöl

◆ Das Huhn in mundgerechte Stücke zerlegen. Okras kleinschneiden und Tomaten vierteln.
1 l Wasser mit Lorbeerblatt und einer Prise Salz zum Kochen bringen. Nacheinander Fleisch, Zwiebeln, Knoblauch, Pfefferschoten, Okras und Tomaten hineingeben und bei starker Hitze kochen.
Wenig Öl erhitzen und die Kürbiskerne 15 Minuten darin rösten. In einem Mixer mit etwas heißem Wasser mahlen, bis eine weiche Paste entsteht. In die kochende Suppe geben, gut durchrühren und 20 Minuten weiterkochen.
Kurz vor Ende der Kochzeit das Tomatenmark unterrühren.

Antilopensuppe
Otwe nkakra (Ghana)

für 6 Personen

500 g Antilopenfleisch
(bzw. Reh oder Hirsch)
125 g Dörrfleisch
4 Tomaten
2 Auberginen
4 Okras
2 Lorbeerblätter
2 gehackte Zwiebeln
3 gehackte Knoblauchzehen
3 gehackte Pfefferschoten
2 EL Tomatenmark

◆ Das Fleisch würfeln. Tomaten vierteln, Auberginen und Okras kleinschneiden.
1 l Wasser mit Lorbeerblättern und einer Prise Salz zum Kochen bringen. Nacheinander Fleisch, Zwiebeln, Knoblauch, Pfefferschoten, Tomaten, Auberginen und Okras hineingeben und aufkochen. Bei hoher Temperatur etwa 20 Minuten garen.
Das Tomatenmark unterrühren. Bei verringerter Hitze weitere 10 Minuten köcheln.
Beilage: Fufu (Seite 127), Banku (Seite 133), Kenkey (Seite 135) oder Brot

Hammel-Pfeffersuppe
Moko nkwan (Ghana)

für 4 Personen

500 g Hammelfleisch
4 Tomaten
1 Aubergine
1 Lorbeerblatt
2 gehackte Zwiebeln
4 gehackte Chilis
½ l Fleischbrühe
2 EL Tomatenmark

◆ Das Fleisch würfeln. Tomaten vierteln und Aubergine kleinschneiden.
1 l Wasser mit Lorbeerblatt und einer Prise Salz zum Kochen bringen. Nacheinander Fleisch, Zwiebeln, Chilis, Tomaten und Aubergine hineingeben und bei starker Hitze 20 Minuten kochen. Die Flüssigkeit dabei reduzieren.
Mit Fleischbrühe aufgießen, das Tomatenmark unterrühren. Weitere 10 Minuten gar köcheln.
Beilage: Fufu (Seite 127), Ampesi (Seite 127) oder Brot

Klare Suppe
Nkakra (Ghana)

1½ Stunden Vorbereitungs- und Kochzeit
für 6 Personen

120 g gemischte Pilze
120 g geschälte Garnelen
6 Weinbergschnecken ohne Schale
100 g Trockenfisch
4 Tomaten
2 Auberginen
3 gehackte Chilis
2 gehackte Zwiebeln
2 gehackte Knoblauchzehen
1 Tasse Fleischbrühe

◆ Pilze, Garnelen, Schnecken und den gewässerten Trockenfisch in kleine Stücke zerteilen. Tomaten vierteln, Auberginen würfeln.
1 l Wasser zum Kochen bringen. Nacheinander Pilze, Garnelen, Schnecken, Fisch, Chilis, Zwiebeln, Knoblauch, Tomaten und Auberginen hineingeben. Mit Fleischbrühe aufgießen und aufkochen. Die Temperatur reduzieren und bei mittlerer Hitze 30 Minuten garen.
Beilage: Fufu (Seite 127), Banku (Seite 133), Kenkey (Seite 135) oder Brot

Hackfleischsuppe
Konbiifinkwan (Ghana)

für 6 Personen

300 g Hackfleisch vom Rind oder Schwein
4 Tomaten
24 Okras
2 Auberginen
1 Lorbeerblatt
2 gehackte Chilis
2 gehackte Zwiebeln
1 gehackte Knoblauchzehe
Malaguetta
Pflanzenöl

◆ Die Tomaten vierteln, Okras und Auberginen kleinschneiden.
1 l Wasser mit Lorbeerblatt und einer Prise Salz zum Kochen bringen. Nacheinander Tomaten, Okras, Auberginen, Chilis, Zwiebeln und Knoblauch hineingeben und 15 Minuten kochen.
In der Zwischenzeit Öl erhitzen und das gesalzene Fleisch darin braten, bis es eine braune Farbe annimmt. Dabei gut durchrühren, so daß eine körnige Konsistenz entsteht.
Das Fleisch in die Suppe geben, umrühren und mit Malaguetta würzen. Weitere 15 Minuten gar köcheln.
Beilage: Fufu (Seite 127), Banku (Seite 133), Kenkey (Seite 135) oder Brot

Blättersuppe
Egusi soup (Nigeria)

1 Stunde Vorbereitungs- und Kochzeit
für 6 Personen

1 kg Rindergulasch
8 Okras
500 g Bitterleaf oder Spinat
2 gehackte Zwiebeln
4 EL Tomatenmark
Fleischbrühe
½ Tasse gemahlene Kürbiskerne
3 gehackte Chilis
20 g getrocknete Garnelen
Palmöl

◆ Das Fleisch fein würfeln. Okras kleinschneiden, Bitterleaf in Streifen schneiden und blanchieren.
1 Tasse Wasser mit dem Fleisch, der Hälfte der Zwiebeln und einer Prise Salz 10 Minuten kochen.
In der Zwischenzeit Öl erhitzen. Vom Herd nehmen, Tomatenmark und die restlichen Zwiebeln unterrühren.
Das Fleisch zur Seite stellen. Wenn nötig, den Sud mit Fleischbrühe auffüllen, so daß sich insgesamt ¼ l Flüssigkeit ergibt. Zum Tomaten-Zwiebel-Gemisch gießen – Achtung vor Fettspritzern! Durchrühren und bei mittlerer Hitze auf den Herd stellen.
In Abständen von 3 Minuten zunächst das Fleisch, danach Kürbiskerne, Bitterleaf, Chilis, Okras und die gewässerten Garnelen beifügen. Dabei gut durchrühren; mit Pfeffer und Salz abschmecken. Zudecken und 10 Minuten garen.

Auberginensuppe
Nkita (Ghana)

für 6 Personen

400 g Lammgulasch
125 g Dörrfleisch
1 geräucherte Makrele
4 Tomaten
1-2 Auberginen
3 Okras
1 Lorbeerblatt
2 gehackte Chilis
3 gehackte Zwiebeln
3 gehackte Knoblauchzehen

◆ Das Dörrfleisch würfeln, den Fisch zerpflükken. Tomaten vierteln, Auberginen und Okras kleinschneiden.
1 Tasse Wasser mit Lorbeerblatt und einer Prise Salz zum Kochen bringen. Lammfleisch, Gemüse, Chilis, Zwiebeln und Knoblauch zugeben und umrühren. Das Dörrfleisch beifügen.
Nach 15 Minuten die Auberginenstücke aus dem Topf nehmen und im Mixer pürieren. Wieder zur Suppe geben und weitere 15 Minuten kochen.
Den Fisch zur Suppe geben, umrühren und 10 Minuten garen.
Heiß servieren.
Beilage: Fufu (Seite 127), Banku (Seite 133), Garri, Kenkey (Seite 135) oder Brot

Akrobatischer Fischfang auf dem Bosumtwi-Kratersee in Ghana

Runde Lehmhäuser wie in diesem Dorf bieten den besten Schutz vor der Hitze

Der Dorfladen hat immer geöffnet

Frauen stampfen Hirse

Palmsuppe mit Rindfleisch
Banga soup (Nigeria)

für 4 Personen

200 g Palmfrucht (Konserve)
500 g Rindergulasch
1 gehackte Zwiebel
2-4 gehackte Pfefferschoten
1 TL gemahlene Chilis
6 Okras
2 EL Tomatenmark

◆ ½ l Wasser erhitzen, Palmfrucht und Fleisch mit einer Prise Salz 20 Minuten darin garen. Zwiebel, Pfefferschoten, Chili und die kleingeschnittenen Okras beifügen. Das Tomatenmark einrühren. Weitere 15 Minuten gar köcheln. Gelegentlich umrühren und, wenn nötig, Wasser zugießen.
Beilage: pürierte Yams

Erdnuß-Palmsuppe
Nkatebe (Ghana)

für 6 Personen

1 Huhn
125 g Dörrfleisch
6 Tomaten
6 Okras
1 Aubergine
2 Lorbeerblätter
2 gehackte Zwiebeln
3 gehackte Knoblauchzehen
4 gehackte Chilis
250 g Erdnußbutter
heißes Wasser
2 Tassen Palmsud (Konserve)
2 EL Tomatenmark
Malaguetta

◆ Das Huhn in mundgerechte Stücke zerlegen, das Dörrfleisch würfeln. Okras und Aubergine kleinschneiden, Tomaten vierteln.
1½ l Wasser mit Lorbeerblättern und einer Prise Salz zum Kochen bringen. Zwiebel, Knoblauch, Okras, Aubergine, Tomaten und Chilis zugeben und aufkochen. Die Hitze verringern und das Dörrfleisch beifügen.
Die Erdnußbutter mit heißem Wasser verrühren, bis ein dickflüssiger Brei entsteht. Den Erdnußbrei in die kochende Suppe geben und gut durchrühren. Palmsud zugießen, Tomatenmark unterrühren, mit Malaguetta würzen. Unter ständigem Rühren 10 Minuten kochen.
Das Huhn zufügen und 30 Minuten garen.
Wenn sich Erdnußöl absetzt, die Suppe servieren.
Beilage: Fufu (Seite 127), Banku (Seite 133), Kenkey (Seite 135) oder Brot

Bemerkungen:
Für dieses Gericht wird ein großer Topf benötigt, da Erdnußbutter beim Kochen kräftig schäumt. Die Suppe muß ausgiebig gargekocht werden, da sonst Verdauungsstörungen auftreten können.

Fischsuppe mit Süßkartoffeln
Caldo de peixe (Kapverdische Inseln)

1½ Stunden Vorbereitungs- und Kochzeit
für 4 Personen

1 kg Kabeljaufilet
4 Süßkartoffeln
2 Paprikaschoten
4 Tomaten
2 gehackte Zwiebeln
3 gehackte Knoblauchzehen
2 Lorbeerblätter
1 EL Essig
Malaguetta

◆ Den Fisch eine Stunde in leicht gesalzenes Wasser legen, anschließend in Stücke schneiden. Süßkartoffeln würfeln, Paprika in Streifen schneiden, Tomaten vierteln.
1 l Wasser mit einer Prise Salz zum Kochen bringen. Nacheinander Fisch, Süßkartoffeln, Paprikastreifen, Tomaten, Zwiebeln, Knoblauch, Lorbeerblätter und Essig hineingeben und bei verringerter Hitze 5 Minuten ziehen lassen.
Etwas Wasser zugießen und aufkochen. Die Temperatur reduzieren und 30 Minuten gar köcheln.
Mit Malaguetta abschmecken.

Fischsuppe mit Okras
Okra soup (Nigeria)

für 4 Personen

200 g Trockenfisch
12 Okras
gemahlener Piment
Irú
Kanun

◆ Den Trockenfisch in 1 l Wasser 10 Minuten wässern. Die Okras in kleine Stücke schneiden.
Den Fisch zerpflücken und mit Piment sowie Irú zum Kochen bringen. Nach 5 Minuten Okras und Kanun zufügen. Bei mittlerer Hitze 20 Minuten kochen, mit Salz abschmecken.
Heiß oder kalt servieren.
Beilage: Yams

Bemerkung:
Irú und Kanun sind typische, scharfe Gewürze aus dem Südosten Nigerias, die in Europa kaum erhältlich sind. Sie können durch Malaguetta oder andere Aromapfeffer ersetzt werden.

Trockenfischsuppe
Kako nkwan (Ghana)

2 Stunden Vorbereitungs- und Kochzeit
für 6 Personen

250 g Trockenfisch
2 geräucherte Heringe
125 g Dörrfleisch
4 Tomaten
4 Okras
2 kleine Auberginen
4 gehackte Zwiebeln
2 gehackte Pfefferschoten
2-3 Lorbeerblätter

◆ Den Trockenfisch eine Stunde wässern, anschließend in kleine Stücke zerteilen.
Die Heringe in schmale Streifen schneiden, das Dörrfleisch würfeln. Tomaten vierteln, Okras und Auberginen kleinschneiden.
1 l Wasser zum Kochen bringen. Nacheinander Trockenfisch, Hering, Dörrfleisch, Zwiebeln, Pfefferschoten, Tomaten, Okras, Auberginen und Lorbeerblätter hineingeben und aufkochen.
Bei verringerter Hitze 20 Minuten kochen.
Weitere 10 Minuten bei niedriger Temperatur köcheln. Mit Salz abschmecken.
Beilage: Fufu (Seite 127), Banku (Seite 133), Kenkey (Seite 135) oder Brot

Garnelensuppe
Caldo de camarão (Kapverdische Inseln)

für 6-8 Personen

1 kg geschälte Garnelen
2 unreife Kochbananen
3 Tomaten
4 Kartoffeln
1 gehackte Zwiebel
2 gehackte Knoblauchzehen
3 gehackte Chilis
Olivenöl

◆ Die Garnelen kurz garen. Abtropfen lassen, den Sud zur Seite stellen.
Die Kochbananen in große Stücke schneiden, mit gesalzenem Wasser bedecken und etwa 10 Minuten stehen lassen.
Tomaten vierteln, Kartoffeln würfeln.
Öl erhitzen und die Zwiebel darin anbraten. Knoblauch, Tomaten und Chilis beifügen. Die Garnelen zugeben, mit Garnelensud ablöschen. Bananen und Kartoffeln beifügen, 20 bis 30 Minuten garen. Wenn nötig, Wasser zugießen.
Beilage: Fufu (Seite 127)

Kreolische Fischsuppe
Melée créole (Guinea)

für 6 Personen

750 g Barschfilet
250 g Kasseler Braten
6 Süßkartoffeln
2 rote Paprikaschoten
6 Tomaten
2 gehackte Zwiebeln
3 gehackte Knoblauchzehen
2 Lorbeerblätter
200 g saure Sahne
Malaguetta

◆ Den Fisch eine Stunde in leicht gesalzenes Wasser legen, anschließend in Stücke schneiden. Das Fleisch in Streifen schneiden. Süßkartoffeln würfeln, Paprika in Ringe schneiden und Tomaten vierteln.
1 Tasse Wasser zum Kochen bringen. Nacheinander Fisch, Fleisch, Süßkartoffeln, Paprikaringe, Tomaten, Zwiebeln, Knoblauch und Lorbeerblätter hineingeben und bei mittlerer Temperatur 5 Minuten ziehen lassen.
Mit 1 l Wasser auffüllen und aufkochen. Bei verringerter Hitze 30 Minuten köcheln.
Saure Sahne mit 1 Tasse Wasser mischen, cremig schlagen und in die Suppe rühren. Mit Malaguetta abschmecken und aufkochen.
Heiß servieren.

Meeresfrüchtesuppe
Sessenkwan (Ghana)

1 Stunde Vorbereitungs- und Kochzeit
für 4 Personen

4 Krebse
150 g getrocknete Garnelen
6 Muscheln ohne Schale
3 Weinbergschnecken ohne Schale
100 g Dörrfleisch
4 Tomaten
4 kleine Auberginen
3 gehackte Chilis
4 gehackte Zwiebeln

◆ Die Krebse kurz garen, das Fleisch auslösen.
Die gewässerten Garnelen, Muscheln, Schnecken und Krebse in 1 l Wasser mit einer Prise Salz zum Kochen bringen.
Das Fleisch in Streifen schneiden. Tomaten vierteln, Auberginen würfeln. Fleisch und Gemüse mit Chilis und Zwiebeln zu den Meeresfrüchten geben und bei hoher Temperatur 20 Minuten kochen.
Bei verringerter Hitze weitere 10 Minuten köcheln.
Heiß servieren.
Beilage: Fufu (Seite 127), Banku (Seite 133), Kenkey (Seite 135) oder Brot

Ziegen-Pfeffersuppe
Goat meat pepper soup (Nigeria)

für 4 Personen

500 g Ziegen- oder Hammelgulasch
500 g Yams
2 unreife Kochbananen
2 gehackte Zwiebeln
2 gehackte Chilis
Zitronengras
geriebene Muskatnuß

◆ Yams und Kochbananen in fingerdicke Stücke schneiden.
Fleisch, Zwiebeln und Chilis in reichlich Wasser mit einer Prise Salz bei mittlerer Hitze 30 Minuten kochen.
Yams und Bananen beifügen. Wenn nötig, Wasser zugießen, so daß Fleisch und Gemüse bedeckt sind. Mit Zitronengras und Muskat würzen. Aufkochen und bei geringer Hitze 30 Minuten garen.
Am Ende der Kochzeit erneut aufkochen und Flüssigkeit reduzieren. Heiß servieren.

Erdnußsuppe
Apapafubu (Nigeria)

für 6 Personen

500 g geräucherte Makrelen
4 Tomaten
4 Okras
3 gehackte Zwiebeln
3 gehackte Chilis
geriebene Muskatnuß
200 g Erdnußbutter
heißes Wasser
2 EL Tomatenmark

◆ Den Fisch in kleine Stücke zerteilen. Tomaten vierteln und Okras kleinschneiden.
1½ l Wasser zum Kochen bringen. Zwiebeln, Tomaten, Okras, und Chilis hineingeben und aufkochen. Mit Muskat und Salz würzen. Bei verringerter Hitze 10 Minuten köcheln.
Die Erdnußbutter mit heißem Wasser verrühren, bis ein dickflüssiger Brei entsteht. Erdnußbrei und Tomatenmark in die kochende Suppe geben, gut durchrühren.
Nach 20 Minuten den Fisch beifügen und unter ständigem Rühren garen. Wenn sich Erdnußöl absetzt, die Suppe servieren.
Beilage: Weißbrot oder Fufu (Seite 127)

Bemerkungen:
Für dieses Gericht wird ein großer Topf benötigt, da Erdnußbutter beim Kochen kräftig schäumt. Die Suppe muß ausgiebig gargekocht werden, da sonst Verdauungstörungen auftreten können.

Bohnensuppe
Aduankwan (Ghana)

am Vortag beginnen
für 4 Personen

150 g weiße Bohnen
100 g Trockenfisch
500 g geräucherte Makrelen
125 g Kasseler Braten
4 Tomaten
2 gehackte Zwiebeln
2 gehackte Chilis
3 gehackte Knoblauchzehen
2 Lorbeerblätter
4 EL Tomatenmark
Malaguetta

◆ Die Bohnen über Nacht wässern. Am nächsten Tag in reichlich Wasser garen.
Den Trockenfisch eine Stunde wässern und zerpflücken, die Makrele in Streifen schneiden. Fleisch würfeln und Tomaten vierteln.
1½ l Wasser auf mittlere Temperatur erwärmen. Nacheinander Zwiebeln, Chilis, Tomaten, Knoblauch und Lorbeerblätter hineingeben und aufkochen. Das Fleisch beifügen und weiter kochen.
Die Bohnen im Mixer mit 1 Tasse Wasser pürieren. Die dickflüssige Masse zur kochenden Suppe geben und gut durchrühren. Bei mittlerer Hitze 20 Minuten garen.
Den Fisch beifügen und das Tomatenmark einrühren. Etwa 10 Minuten kochen.
Mit Malaguetta sowie Salz abschmecken und heiß servieren.

Spinatsuppe
Ntohuro (Ghana)

1½ Stunden Vorbereitungs- und Kochzeit
für 6 Personen

500 g Spinat
3 Krebse
125 g Dörrfleisch
2 Tomaten
200 g Champignons
2 Auberginen
6 Okras
3 gehackte Zwiebeln
3 gehackte Knoblauchzehen
2 gehackte Chilis
6 geräucherte Weinbergschnecken
1 Bouillonwürfel

◆ Den Spinat in Streifen schneiden und blanchieren. Die Krebse kurz garen, das Fleisch auslösen. Dörrfleisch würfeln und Tomaten vierteln. Champignons, Auberginen und Okras kleinschneiden.
1½ l Wasser auf mittlere Temperatur erwärmen. Nacheinander Zwiebeln, Knoblauch, Auberginen, Okras, Tomaten, Chilis und Champignons hineingeben und aufkochen. Krebse, Schnecken und Dörrfleisch zugeben.
Nach 20 Minuten Kochzeit Spinat und Bouillonwürfel beifügen. Weitere 40 Minuten kochen.
Mit Salz abschmecken und heiß servieren.

Maissuppe mit Huhn
Aburo nkwan (Ghana)

mehrere Stunden Vorbereitungs- und Kochzeit
für 6 Personen

100 g getrocknete Maiskörner
1 Suppenhuhn
125 g Dörrfleisch
4 Tomaten
2 Eierfrüchte
2 Auberginen
2 gehackte Zwiebeln
3 gehackte Knoblauchzehen
4 gehackte Chilis
2 Lorbeerblätter
4 EL Tomatenmark
Malaguetta

◆ Die Maiskörner in einer Getreidemühle schroten oder im Mörser mahlen, mehrere Stunden wässern.
Das Huhn in mundgerechte Stücke zerlegen, das Dörrfleisch würfeln. Tomaten vierteln, Eierfrüchte und Auberginen kleinschneiden.
1 l Wasser zum Kochen bringen, den Mais zugeben und 10 Minuten kochen. Währenddessen in einem anderen Topf Huhn und Fleisch in ½ Tasse Wasser mit einer Prise Salz aufkochen.
Zwiebeln, Knoblauch, Tomaten, Eierfrüchte, Chilis sowie Auberginen zum Mais geben; umrühren und 5 Minuten kochen.
Huhn, Fleisch und Lorbeerblätter beifügen, das Tomatenmark einrühren. Aufkochen und bei mittlerer Hitze 30 Minuten garen.
Mit Malaguetta sowie Salz abschmecken und heiß servieren.
Beilage: Fufu (Seite 127), Banku (Seite 133), Kenkey (Seite 135) oder Brot

Fleisch

Nomadenspieß
Dars (Mauretanien)

1 Stunde Vorbereitungs- und Kochzeit
für 4 Personen

500 g Lammgulasch
3 EL Olivenöl
2 TL Senf
1 gehackte Pfefferschote
Basilikum
250 g Dörrfleisch
1 Aubergine
2 grüne Paprikaschoten
2 Zwiebeln
4 Tomaten
Cayennepfeffer

◆ Das Fleisch in einer Mischung aus Öl, Senf, Pfefferschote und einer Messerspitze Basilikum 30 Minuten marinieren.
Dörrfleisch und Aubergine in Scheiben, die Paprika in Stücke schneiden. Die Zwiebeln vierteln und die Tomaten halbieren.
Abwechselnd Lamm-, Dörrfleisch- und Gemüsestücke auf vier Spieße stecken. Mit Cayennepfeffer und Salz bestreuen. Auf einem Holzkohlengrill oder im Backofen 20 Minuten grillen.
Beilage: Brot oder Reis

Lammfleisch mit Okras
Bondo gumbo (Liberia)

1½-2 Stunden Vorbereitungs- und Kochzeit
für 4 Personen

750 g Lammgulasch
Vollkornweizenmehl
4 gehackte Zwiebeln
2 EL Tomatenmark
2 gehackte Pfefferschoten
250 g Okras
Erdnußöl

◆ Das Fleisch in Mehl wenden.
Öl erhitzen, Fleisch und Zwiebeln darin anbraten. Mit reichlich Wasser ablöschen. Tomatenmark sowie Pfefferschoten beifügen und umrühren. Eine Stunde bei mittlerer Hitze kochen.
Die Okras kleinschneiden und zugeben. Mit Salz abschmecken und gar kochen.
In der Zwischenzeit 1 Tasse Mehl mit ½ Tasse Wasser verrühren. Im Wasserbad 30 Minuten köcheln.
Den Brei kräftig durchschlagen und kurz abkühlen lassen. Klößchen formen und in leicht gesalzenem Wasser 10 Minuten garen.
Vor dem Servieren das Lammragout über die Klößchen geben.

Bemerkung:
Das Mehl sollte möglichst grob oder geschrotet sein.

Lammeintopf mit grünen Bohnen
Lubhya (Niger)

für 4 Personen

500 g Lammgulasch
1 gehackte Zwiebel
500 g grüne Bohnen
Safran
1 Tasse Fleischbrühe
2 gehackte Pfefferschoten
Olivenöl

◆ Öl erhitzen und die Zwiebel darin glasig braten. Das Fleisch zugeben und unter ständigem Rühren anbraten. Die Bohnen beifügen. Salzen und pfeffern, eine Messerspitze Safran unterrühren. Mit Fleischbrühe ablöschen, zudecken und 30 Minuten schmoren.
5 Minuten vor Ende der Kochzeit Pfefferschoten beifügen.
Beilage: Fladenbrot

Jollof-Reis mit Lamm
Lamb jollof rice (Nigeria)

für 4 Personen

500 g Lammgulasch
2 gehackte Zwiebeln
2 gehackte Knoblauchzehen
2 Paprikaschoten
4 Tomaten
2 gehackte Chilis
3 Tassen gekochter Reis
Erdnußöl

◆ Öl erhitzen, eine Zwiebel und den Knoblauch darin anbraten. Das Fleisch hineingeben und von allen Seiten braten, bis es eine braune Farbe annimmt. Die Temperatur reduzieren.
Den Paprika in Streifen schneiden und beifügen. Wenn nötig, etwas Wasser zugeben. Zudecken und bei geringer Hitze 40 Minuten garen.
Die geviertelten Tomaten, die Chilis und die andere Zwiebel im Mixer pürieren. Zum Fleisch geben, mit Salz abschmecken.
Den Reis erhitzen. Mit dem Fleisch vermischen und sofort servieren.

Lammcouscous
Couscous à l'agneau et aux legumes (Mauretanien)

am Vortag beginnen
für 6 Personen

1 kg Lammgulasch
200 g Kichererbsen
1 gehackte Zwiebel
2 gehackte Knoblauchzehen
2 kleine Rettiche
4 Möhren

◆ Die Kichererbsen über Nacht wässern. Am nächsten Tag in reichlich Wasser garen.
Öl erhitzen und das Fleisch darin anbraten. Zwiebel und Knoblauch beifügen und weiterbraten. Etwas Wasser zugießen und die Hitze verringern. Rettiche und Möhren in Streifen schneiden, Kartoffeln und Kürbis würfeln. Die Kohlblätter in schmale Streifen schneiden, die Tomaten vierteln. Nacheinander Rettiche, Möhren, Kartoffeln, Kohl, Kürbis sowie Tomaten zum Fleisch geben, jedes Mal gut durchrühren. Mit 2 Tassen Wasser ablöschen, salzen und pfeffern. Bei verringerter Hitze gar köcheln.

Den Couscous mit kaltem Wasser bedecken und 10 Minuten quellen lassen. Überschüssiges Wasser abgießen. Den Couscous in ein Baumwolltuch einschlagen und weitere 10 Minuten quellen lassen.
Datteln, Rosinen und Kichererbsen mit dem Couscous mischen und 30 Minuten dämpfen.
Den Couscous auf einer geeigneten Unterlage ausbreiten und mit einer Gabel glätten. Mit ½ Tasse kaltem Wasser besprengen und 10 Minuten stehen lassen, bis das Wasser absorbiert ist. Nun den Couscous ein zweites Mal etwa 15 Minuten dämpfen.
Vor dem Servieren auf einer großen Platte anrichten und das Lammragout darübergeben.

Bemerkung:
Couscous darf keinesfalls in Wasser gekocht, sondern muß in Wasserdampf gegart werden. Steht kein Dämpfeinsatz zur Verfügung, kann der Couscous in ein Metallsieb oder ein Geschirrtuch gegeben werden, das man in einen verschließbaren Topf hängt.

3 Kartoffeln
1 kleiner Kürbis
½ Weißkohl
2 Tomaten
500 g Couscous
8 entkernte Datteln
1 Tasse Rosinen
Olivenöl

Lammfrikadellen im Spinatmantel
Taraba (Senegal)

3 Stunden Vorbereitungs- und Kochzeit
für 4 Personen

500 g Hackfleisch vom Lamm
1 gehackte Zwiebel
3 gehackte Schalotten
250 g gekochter Reis
gemahlener Piment
500 g große Spinatblätter
8-10 Tomaten
1 Zitrone (Saft)
Pflanzenöl

◆ Das Fleisch mit Zwiebel und Schalotten vermengen, den Reis untermischen. Gut durchkneten und mit Pfeffer, Salz sowie Piment würzen. Aus der Masse kleine, flache Frikadellen formen und in je zwei bis drei Spinatblätter einwickeln.
Die Tomaten mit Zitronensaft sowie je einer Prise Pfeffer und Salz im Mixer pürieren.
Etwas Öl erhitzen und das Tomatenpüree zugeben. Umrühren und aufkochen. Wenn nötig, etwas Wasser zugießen.
Die Frikadellen in die Tomatensauce geben. Zudecken und bei verringerter Hitze zwei Stunden schmoren.

Bemerkung:
Die Frikadellen beim Schmoren mit Untertassen »beschweren«, so bleiben sie flach und fest.

Hammelpilaw
Mutton pilaw (Nigeria)

1½ Stunden Vorbereitungs- und Kochzeit
für 4 Personen

1 kg Hammelschnitzel
2 gehackte Zwiebeln
½ l Fleischbrühe
100 g Sultaninen
Curry
Malaguetta
1 Zitrone (Saft)
250 g gekochter Reis
Butter

◆ 3 EL Butter erhitzen und das Fleisch darin anbraten. Zwiebeln zugeben, glasig braten und mit Brühe ablöschen. Zudecken und eine Stunde köcheln.

Sultaninen, etwas Curry sowie Malaguetta und Zitronensaft zum Fleisch geben. Mit Pfeffer und Salz abschmecken.

3 EL Butter erhitzen und den Reis unter Rühren darin braten, bis die Butter absorbiert ist.

Den Reis auf einer Platte anrichten und das Fleisch gleichmäßig darüber verteilen.

Hammelgulasch
Goulash aux mouton (Guinea)

für 6 Personen

600 g Hammelgulasch
4 gehackte Zwiebeln
½ l Fleischbrühe
2 EL Tomatenmark
Paprika
geriebene Muskatnuß
Erdnußöl

◆ Öl erhitzen und das Fleisch darin anbraten. Die Zwiebeln zugeben und glasig braten. Salzen und pfeffern, mit 1 Tasse Wasser ablöschen. Aufkochen und bei mittlerer Hitze 30 Minuten garen.

Fleischbrühe und Tomatenmark verrühren, mit Paprika und Muskat abschmecken. Zum Fleisch geben und weitere 30 Minuten gar köcheln.

Beilage: Ampesi (Seite 127), Banku (Seite 133), Kenkey (Seite 135) oder Reis

◆ Das Fleisch mit Limonenscheiben einreiben. Zwiebel, Knoblauch und Chilis mit Pfeffer und Salz im Mixer zu einer Paste verrühren. Wenn nötig, etwas Öl beifügen. Das Fleisch mit der Paste bestreichen, drei Stunden ziehen lassen.
Das Fleisch über einem Holzkohlenfeuer oder im Backofen 40 bis 60 Minuten grillen.
Beilage: Brot oder Yams

Gegrillte Ziegenkeulen
Grilled goat (Sierra Leone)

4 Stunden Vorbereitungs- und Kochzeit
für 4 Personen

1-2 Ziegen- oder Hammelkeulen
2 Limonen
1 gehackte Zwiebel
2 gehackte Knoblauchzehen
2 gehackte Chilis
Pflanzenöl

Jollof-Reis
Jollof rice (Liberia)

für 6 Personen

250 g Hühnerfilet
500 g Rindergulasch
250 g Dörrfleisch
Mehl
4 Zwiebeln
1 kleiner Weißkohl
3 Tassen Reis
1 gehackte Chili
2 EL Tomatenmark
Erdnußöl

◆ Huhn, Rind- und Dörrfleisch in 2 bis 4 cm große Stücke schneiden. Mit Salz und schwarzem Pfeffer würzen, in Mehl wenden.
Zwiebeln in Ringe, Kohlblätter in Streifen schneiden. Den Reis in kaltem Wasser quellen lassen.
Öl erhitzen, Huhn und Fleisch darin braten. Herausnehmen und zur Seite stellen.
In demselben Öl Zwiebelringe und Chili anbraten. Das Fleisch wieder beifügen. Tomatenmark und 1 Tasse Wasser zugeben, gut durchrühren.
Nach 5 Minuten Huhn und Reis zugeben. Aufkochen und die Kohlstreifen beifügen. Bei verringerter Hitze köcheln, bis der Reis eine körnig-lockere Konsistenz annimmt. Gelegentlich umrühren und, wenn nötig, Wasser zugießen. Mit Pfeffer und Salz abschmecken.

Rindercurry
Beef curry (Gambia)

2 Stunden Vorbereitungs- und Kochzeit
für 4 Personen

1 kg Rindfleisch
1 große Zwiebel
1-2 EL Curry
3 Möhren
4 Kartoffeln
4 Okras
3 Kakifeigen
Palmöl

◆ Das Fleisch würfeln, die Zwiebel in große Stücke schneiden.
Öl erhitzen und die Zwiebel darin glasig anbraten. Herausnehmen und zur Seite stellen.
In demselben Öl das Fleisch anbraten, die Zwiebelstücke wieder beifügen. Curry in etwas Wasser auflösen und zum Fleisch geben. Salzen, pfeffern, zudecken und bei mittlerer Hitze anderthalb Stunden köcheln. Gelegentlich umrühren und, wenn nötig, Wasser zugießen.
Möhren, Kartoffeln, Okras und Kakifeigen würfeln. Nach 30 Minuten Kochzeit zum Fleisch geben und bis zum Ende mitgaren.
Beilage: Reis

Reisfleisch mit Auberginen
Broulai (Senegal)

für 8 Personen

800 g Rindfleisch
600 g Tomaten
250 g Kartoffeln oder Maniok
250 g Auberginen
250 g gehackte Zwiebeln
gemahlener Piment
2 Lorbeerblätter
300 g gekochter Reis
Palmöl

◆ Das Fleisch würfeln. Die Tomaten pürieren, Kartoffeln und Auberginen kleinschneiden.
Öl erhitzen, Kartoffeln und Auberginen darin anbraten. Herausnehmen und zur Seite stellen.
In demselben Öl das Fleisch anbraten. Die Zwiebeln beifügen, etwas Wasser, Salz sowie Piment untermischen und aufkochen. Lorbeerblätter, Auberginen, Tomatenpüree und Kartoffeln beifügen. Bei mittlerer Hitze gar köcheln. Gelegentlich umrühren und, wenn nötig, Wasser zugießen.
Einige gegarte Fleisch- und Gemüsestücke als Garnierung zur Seite stellen. Den Reis unter das Ragout mischen. Mit Salz abschmecken und vor dem Servieren wieder heiß werden lassen.
Das Reisfleisch auf einer großen Platte anrichten und mit Fleisch- sowie Gemüsestücken belegen.

Ochsenschwanzeintopf
Nantwi dua (Ghana)

6 Stunden Vorbereitungs- und Kochzeit
für 4-6 Personen

750 g Ochsenschwanz
200 g weiße Bohnen
4 Zwiebeln
3 Okras
½ l Fleischbrühe
2 EL Tomatenmark
Paprika
Erdnußöl

◆ Die Bohnen vier Stunden einweichen, anschließend in reichlich Wasser garen.
Das Fleisch in Scheiben, die Zwiebeln in Ringe schneiden. Die Okras würfeln.
Öl erhitzen und das Fleisch von allen Seiten 10 Minuten darin anbraten. Salzen, pfeffern und mit Wasser bedecken. Bei hoher Temperatur etwa 30 Minuten kochen. Mit Fleischbrühe aufgießen und eine Stunde köcheln.
Erneut Öl erhitzen und die Zwiebelringe darin glasig braten. Das Tomatenmark unterrühren, 1 Tasse Wasser zugießen. Zum Fleisch geben und mit Paprika abschmecken.
Bohnen und Okras ebenfalls beifügen. Wenn nötig, nachsalzen. Zudecken und bei mittlerer Hitze 20 Minuten garen.

Rindfleisch mit Okras
Bœuf aux gombo (Burkina Faso)

2 Stunden Vorbereitungs- und Kochzeit
für 4 Personen

1 kg Rindergulasch
1 Zwiebel
2 Tomaten
20 Okras
Soumbala oder Nététou
Pflanzenöl

◆ Öl erhitzen und das Fleisch darin anbraten. Zudecken und bei verringerter Hitze schmoren.
Die Zwiebel in Ringe schneiden. Tomaten vierteln und Okras kleinschneiden.
Erneut Öl erhitzen, Zwiebelringe und Tomaten darin anbraten. Mit etwas Wasser ablöschen. Nach und nach das Fleisch zugeben, dabei mit den kleinsten Stücken beginnen. Mit Soumbala abschmecken. 2 Tassen Wasser zugießen. Salzen, pfeffern und eine Stunde köcheln.
Sobald das Fleisch auseinanderfällt, die Temperatur stark erhöhen und die Okras zugeben. Durchrühren, 5 Minuten aufkochen und sehr heiß servieren.
Beilage: Reis

Bemerkung:
Soumbala oder Nététou sind in Deutschland schwer erhältliche Gewürze, für die es keine geschmackliche Entsprechung gibt. Man kann sie durch eine Mischung aus Safran, Piment und Kardamom ersetzen. Der Geschmack ist zwar anders, aber ebenfalls köstlich.

Rindfleisch mit Süßkartoffeln

Bœuf au patates douces (Kamerun)

2½ Stunden Vorbereitungs- und Kochzeit
für 4 Personen

1 kg Rindfleisch
1 gehackte Zwiebel
2-3 EL Tomatenmark
frischer Thymian
2 Lorbeerblätter
4 Süßkartoffeln
Palmöl

◆ Das Fleisch würfeln. Öl erhitzen und das Fleisch von allen Seiten darin scharf anbraten. Die Zwiebel beifügen, mit Wasser ablöschen. Tomatenmark, Thymian und Lorbeerblätter zugeben. Nach Geschmack salzen und pfeffern. Aufkochen, zudecken und bei verringerter Hitze zwei Stunden köcheln. Gelegentlich umrühren und, wenn nötig, Wasser zugießen.
Die Süßkartoffeln würfeln. Nach einer Stunde zum Fleisch geben und mitgaren.
Beilage: Yams

Maistopf

Peewa (Ghana)

5 Stunden Vorbereitungs- und Kochzeit
für 6 Personen

2 Tassen getrocknete Maiskörner
500 g Rindergulasch
Mehl
2 Zwiebeln
1 gehackte Chili
½ l Fleischbrühe
2 EL Tomatenmark
Erdnußöl

zum Garnieren:
grüne Bohnen
Möhren
Weißkohlblätter

◆ Die Maiskörner drei Stunden wässern. Anschließend im Backofen trocknen und im Mörser schroten.
Das Fleisch mit Salz und schwarzem Pfeffer würzen. In wenig Wasser dünsten, danach mit Mehl bestäuben.
Öl erhitzen und das Fleisch darin braten, bis es eine braune Farbe annimmt. Zur Seite stellen.
Die Zwiebeln in Ringe schneiden. Erneut Öl erhitzen, Zwiebelringe und Chili darin anbraten. Mit Fleischbrühe ablöschen. Mais und Tomatenmark beifügen, mit Salz abschmecken. Gut durchrühren und 20 Minuten köcheln.
Das Fleisch zugeben, weitere 20 Minuten köcheln.
Vor dem Servieren mit blanchierten Bohnen, Möhren- und Kohlblätterstreifen garnieren.

Rindfleischtopf mit Mais
Cachupa rica
(Kapverdische Inseln)

am Vortag beginnen
für 4 Personen

500 g Rindergulasch
500 g getrocknete Maiskörner
1 gehackte Zwiebel
4 gehackte Knoblauchzehen
2 gehackte Chilis
3-4 Süßkartoffeln
4-5 Möhren
1 EL Palmöl
Malaguetta

◆ Den Mais über Nacht wässern. Am nächsten Tag in reichlich Wasser kochen.
Nach einer Stunde Fleisch, Zwiebel, Knoblauch sowie Chilis beifügen und salzen. Wasser zugießen, bis alles 1 cm hoch bedeckt ist, und weiter kochen.
Süßkartoffeln und Möhren würfeln. Mit dem Öl nach weiteren anderthalb Stunden zugeben.
Nach insgesamt drei Stunden Kochzeit mit Malaguetta abschmecken und, wenn nötig, nachsalzen.
Heiß servieren.

Variante:
Rindergulasch durch Rotbarschfilet ersetzen und zusätzlich mit frischem Thymian abschmecken.

Tropischer Curryreis
Tropical rice curry
(Sierra Leone)

2 Stunden Vorbereitungs- und Kochzeit
für 6 Personen

250 g Rindergulasch
2 EL Zitronensaft
frischer Thymian
8-10 gehackte Knoblauchzehen
500 g Weißkohl
4 Paprikaschoten
6 Okras
1 gehackte Chili
4 gehackte Zwiebeln
4-6 EL Tomatenmark
1 EL Curry
1 Tasse Fleischbrühe
Erdnußöl

◆ Das Fleisch mit Zitronensaft, Thymian, schwarzem Pfeffer, Salz und einem Drittel des Knoblauchs einreiben. Eine Stunde ziehen lassen.
Kohlblätter und Paprika in Streifen schneiden, Okras würfeln.
Öl erhitzen und das Fleisch darin anbraten. Die Chili, den restlichen Knoblauch, Zwiebeln, Tomatenmark, Curry sowie Fleischbrühe zum Fleisch geben und 20 Minuten kochen.
Die Okras beifügen und weitere 10 Minuten kochen.
Das Ragout mit Kohl- und Paprikastreifen auf einer Platte anrichten.
Beilagen: Reis, Erdnüsse, Bananenscheiben, Ananaswürfel, Apfelsinenstücke, gedünstete Garnelen, frische Kokosraspel

Frikadellen in Gemüsesauce
Meat ball casserole (Ghana)

1½ Stunden Vorbereitungs- und Kochzeit
für 5 Personen

1 kg Hackfleisch vom Rind
2 gehackte Zwiebeln
1 TL Paprika
1 TL frischer Thymian
¼ Tasse Mehl
4 Möhren
5 Yamsscheiben
4 Tomaten
100 g Erbsen
½ TL gemahlener Ingwer
2 EL Steaksauce
1 gehackte Pfefferschote
1 gehackte Knoblauchzehe
Pflanzenöl

◆ Das Fleisch mit Zwiebeln, Pfeffer, Paprika und Thymian mischen. Kleine Frikadellen formen und in Mehl wenden.
Öl erhitzen und die Frikadellen darin braten, bis sie eine braune Farbe annehmen. Herausnehmen und zur Seite stellen.
Möhren, Yams und Tomaten würfeln. Möhren, Erbsen und Yams mit Ingwer und etwas Salz in wenig Wasser 15 Minuten dünsten. Den Sud zur Seite stellen, das Gemüse auf die Frikadellen schichten.
Das Öl, in dem die Frikadellen gebraten wurden, mit etwas Mehl sowie Gemüsesud, Steaksauce, Pfefferschote, Knoblauch und Tomaten zu einer Sauce verrühren. Über Gemüse und Frikadellen gießen. Im Ofen bei mittlerer Hitze 20 Minuten backen.
Beilage: Reis oder Süßkartoffeln

Garri mit Schweinefleisch
Aboboi (Togo)

am Vortag beginen
für 6 Personen

400 g Gulasch vom Schwein
200 g weiße Bohnen
8 gehackte Zwiebeln
4 Tomaten
300 g Garri
Palmöl

◆ Die Bohnen über Nacht wässern. Am nächsten Tag in Wasser garen.
Öl erhitzen und das Fleisch darin anbraten. Salzen, pfeffern und zudecken. Eine Stunde gar schmoren.
Die Zwiebeln und die geviertelten Tomaten zum Fleisch geben. Bohnen beifügen, mit Pfeffer und Salz abschmecken und unter Rühren köcheln, bis die Sauce einen tiefen Orangeton annimmt. Abkühlen lassen.
1 bis 2 Tassen warmes Wasser leicht salzen und langsam über den Garri gießen. Gut durchmischen. Garri darf lediglich feucht werden, keinesfalls in Wasser schwimmen. 30 Minuten quellen lassen.
Garri mit einer Gabel auflockern. Die lauwarme Sauce zugießen. Gut durchmischen und, wenn nötig, nachsalzen.

Gegrillte Schweinefüße in Pfeffer

Prako ntwere totoe (Ghana)

2½ Stunden Kochzeit
für 6 Personen

12 halbierte Schweinefüße
1 Tasse Essig
1 Glas trockener Weißwein (Riesling)
4 EL Tomatenmark
1 EL Pflanzenöl
1 TL Paprika
1 TL grüne Pfefferkörner
2 Lorbeerblätter
2 gehackte Zwiebeln
4 gehackte Chilis
4 gehackte Knoblauchzehen
Butter

◆ Die Schweinefüße von Borsten säubern und gründlich waschen. Mit Wasser bedecken, salzen und eine Stunde köcheln.
Essig, Wein, Tomatenmark, Öl, Paprika, zerdrückte Pfefferkörner und zerriebene Lorbeerblätter zu einer Sauce verrühren. Zwiebeln, Chilis und Knoblauch zugeben; salzen und pfeffern.
Die Schweinefüße auf ein mit Butter eingefettetes Backblech legen. Sauce darübergießen und im auf 150° vorgeheizten Ofen eine Stunde backen, bis sie braun und knusprig sind.
Beilage: Weißbrot

Gekochte Schweinefüße

Prako ntwere a yanoa (Ghana)

am Vortag beginnen
für 4-6 Personen

8 halbierte Schweinefüße
1 Lorbeerblatt
4 gehackte Knoblauchzehen
1 rote Paprikaschote
1 Tasse Essig
1-2 EL Pflanzenöl
3 gehackte Zwiebeln
4 gehackte Chilis
1 TL gemahlene Gewürznelken

◆ Die Schweinefüße von Borsten säubern und gründlich waschen. Mit Wasser bedecken, salzen und pfeffern. Lorbeerblatt und Knoblauch zugeben. Über Nacht an einem kühlen Platz stehen lassen.
Am nächsten Tag den Paprika in Streifen schneiden. Essig, Öl, Paprikastreifen, Zwiebeln, Chilis und Nelken zum Fleisch geben. Gut durchrühren und, wenn nötig, etwas Wasser zugießen.
Bei hoher Temperatur 30 Minuten kochen. Bei verringerter Hitze eine Stunde garen.
Nachsalzen und heiß servieren.
Beilage: Brot oder gekochte Maniokscheiben

Kutteln à la beninoises
Mokoto (Benin)

4-5 Stunden Vorbereitungs- und Kochzeit
fur 6 Personen

400 g Kutteln
500 g Schweinefüße
1 EL Mehl
10 Tomaten
1 Bund Suppengemüse
2 gehackte Zwiebeln
8-10 gehackte Knoblauchzehen
2 gehackte Chilis
300 ml Pflanzenöl

◆ Kutteln und Schweinefüße säubern, auslösen und kleinschneiden.
Öl langsam erhitzen und das Fleisch darin dünsten – keinesfalls braten! Wenn das Fleisch fast gar ist, mit Mehl bestäuben.
Die Tomaten vierteln und das Suppengemüse kleinschneiden. Mit Zwiebeln, Knoblauch und Chilis zum Fleisch geben. Salzen, zudecken und mindestens drei Stunden köcheln.
Beilage: Fufu (Seite 127)

Grillpulver
Suya mako (Burkina Faso)

1 Tasse getrocknete Maiskörner
1 EL Mehl
1 EL Cayennepfeffer
½ TL gemahlener Ingwer
2 EL Paprika
2 EL Curry
1 EL gemahlene Erdnüsse
½ TL geriebene Muskatnuß

◆ Den Mais ohne Öl 8 Minuten rösten und im Mixer zu Pulver mahlen.
Mehl untermischen. Die übrigen Zutaten sowie je 1 TL schwarzen und weißen Pfeffer zugeben, gut vermengen.
Zum Aufbewahren in einen luftdichten Glasbehälter füllen.

Bemerkung:
Das Pulver eignet sich besonders zum Einreiben von Hammel- oder Ziegenfleisch vor dem Grillen.

Fisch und Meeresfrüchte

Wenige afrikanische Fischsorten sind in Europa erhältlich. Die in den Rezepten genannten Fische können jedoch gut durch hiesige Fischsorten mit festem Fleisch ersetzt werden, etwa Barsch oder Red Snapper. Ohnehin lohnt es sich, die Rezepte mit anderen als den angegebenen Fischsorten auszuprobieren.

Fischreis
Tiebou dienne (Senegal)

2 Stunden Vorbereitungs- und Kochzeit
für 6 Personen

4 Fischfilets (500 g)
2 gehackte Zwiebeln
4 EL Tomatenmark
1 Bouillonwürfel
1 gehackte Pfefferschote
4 Möhren
2 Rettiche
½ Weißkohl
2 Auberginen
1 Zucchino
1 Tasse Tamarindenpaste
500 g Reis
1 Limone (Saft)
½ Tasse Pflanzenöl

für die Füllung:
1 Bund Petersilie (gehackt)
3 gehackte Knoblauchzehen
2 Lorbeerblätter
2 gehackte Pfefferschoten
1 Bouillonwürfel
Pflanzenöl

◆ Für die Füllung alle Zutaten im Mixer zu einer Paste verrühren. In jedes Filet eine Tasche schneiden und mit der Paste füllen.
Öl erhitzen und die Filets von beiden Seiten je 1 Minute darin anbraten. Die Zwiebeln zugeben, das Tomatenmark mit etwas Wasser verrühren und beifügen. Bouillonwürfel und Pfefferschote zugeben. 15 Minuten köcheln. Gelegentlich etwas Wasser nachgießen.
Den Fisch aus dem Sud nehmen und warm stellen. Das zerkleinerte Gemüse im Fischsud garen. Die Tamarindenpaste auf einer großen Platte verteilen. Das Gemüse aus dem Sud nehmen und warm stellen.
Den Reis in den Fisch-Gemüse-Sud geben. Wenn nötig, Wasser zugießen, bis der Reis bedeckt ist. Bei hoher Temperatur 10 Minuten kochen.
Bei verringerter Hitze den Reis quellen lassen.
Den gegarten Reis, Gemüse und Fisch auf der Tamarindenpaste anrichten. Limonensaft darüberträufeln und servieren.

Gemüsefisch
Thiou (Senegal)

1½ Stunden Vorbereitungs- und Kochzeit
für 6 Personen

400 g Fischfilet
4 Kartoffeln
2 Süßkartoffeln
1 kleiner Weißkohl
200 g Kürbis
4 Möhren
4 gehackte Zwiebeln
1 gehackte Knoblauchzehe
3 EL Tomatenmark
1 Lorbeerblatt
½ TL Pfefferpaste
½ Tasse Erdnußöl

◆ Den Fisch, Kartoffeln und Süßkartoffeln in Stücke schneiden. Die Kohlblätter in Streifen schneiden, Kürbis und Möhren würfeln.
Öl erhitzen, Süßkartoffeln und Kartoffeln darin braten, bis sie eine goldgelbe Farbe annehmen. Herausnehmen und warm stellen.
In demselben Öl den Fisch anbraten. Herausnehmen und zur Seite stellen.
Ebenfalls in dem Öl Zwiebeln und Knoblauch anbraten. Das Tomatenmark mit etwas Wasser verrühren und beifügen. Den Fisch mit Lorbeerblatt, Pfefferpaste sowie etwas Salz zugeben. Aufkochen und mit Wasser aufgießen.
Kohl, Möhren und Kürbis nacheinander zugeben und köcheln. Den Fisch nach 20 Minuten aus dem Topf nehmen und warm stellen, das Gemüse zu Ende garen.
In tiefe Teller oder flache Schüsseln zuunterst das Gemüse geben. Süßkartoffeln, Kartoffeln und Fisch darüberschichten.
Heiß servieren.

Gedünstete Tilapia in Pfeffersauce
Tilapia étuvée (Togo)

für 6 Personen

6 Tilapia oder Rotbarsche
5 gehackte Zwiebeln
4 Tomaten
½ TL Pfefferpaste
½ Tasse Erdnußöl

◆ Die ausgenommenen Fische salzen und in sehr wenig Wasser legen. Zudecken und 10 Minuten dünsten. Anschließend vom Herd nehmen.
Öl erhitzen und die Zwiebeln 5 Minuten darin braten. Die Tomaten in große Stücke schneiden und zu den Zwiebeln geben. Bei geringer Hitze 10 Minuten köcheln.
Die Pfefferpaste unterrühren und die Tomatensauce über den Fisch gießen; salzen und pfeffern. 15 Minuten köcheln, bis die Sauce eine zähflüssige Konsistenz annimmt.
Auf einer Platte anrichten und heiß servieren.
Beilage: Garri oder Salzkartoffeln

Fisch à la guinéene

Poisson de Guinée
(Guinea)

am Vortag beginnen
für 4 Personen

2 Barsche
2 Lorbeerblätter
2 Pfefferkörner
2 Gewürznelken
3 Tomaten
1 Kochbanane
1 Zwiebel
2 Eier
1 gehackte Schalotte
2 gehackte Chilis
2 EL Tomatenmark
20 g getrocknete Garnelen
4 Tassen gekochter Reis
Palmöl

◆ Lorbeerblätter, Pfefferkörner und Nelken in ½ Tasse Öl über Nacht ziehen lassen. Am nächsten Tag die Gewürze entfernen.
Tomaten und Kochbanane in Scheiben, die Zwiebel in Ringe schneiden. Die Eier hart kochen, pellen und vierteln.
Die ausgenommenen Fische mit Pfeffer und Salz einreiben, mit einem Teil des aromatisierten Öls übergießen. Entweder auf einem Holzkohlengrill grillen oder im Ofen von beiden Seiten etwa 8 Minuten backen.
Den Rest des aromatisierten Öls erhitzen und Schalotte, Tomaten sowie Chilis darin anbraten. Das Tomatenmark beifügen und zu einer dickflüssigen Sauce verrühren. Nach 3 Minuten die gewässerten Garnelen zugeben.
Frisches Öl erhitzen, Zwiebelringe und Bananenscheiben darin goldbraun braten.
Zum Servieren zunächst den heißen Reis auf eine Platte geben. Den Fisch darauflegen, die Tomatensauce darübergießen. Mit Zwiebelringen, Bananenscheiben und Eiern garnieren.

Fischreis mit Auberginen

Broulai au poisson
(Senegal)

für 8 Personen

800 g Seelachsfilet
600 g Tomaten
250 g Maniok
250 g Auberginen
250 g gehackte Zwiebeln
gemahlener Piment
2 Lorbeerblätter
4 Tassen gekochter Reis
Palmöl

◆ Den Fisch in große Stücke schneiden. Die Tomaten im Mixer pürieren, Maniok und Auberginen würfeln.
Öl erhitzen, Maniok und Auberginen darin anbraten. Herausnehmen und zur Seite stellen.
In demselben Öl den Fisch anbraten. Die Zwiebeln beifügen, etwas Wasser, Salz sowie Piment untermischen und aufkochen. Lorbeerblätter, Tomatenpüree, Maniok sowie Auberginen beifügen und köcheln, bis die Maniokwürfel gar sind. Gelegentlich umrühren und, wenn nötig, Wasser zugießen.
Einige Stücke Fisch, Maniok und Auberginen aus dem Topf nehmen und als Garnierung zur Seite stellen.
Den Reis zum Ragout geben, gut durchmischen und nach Geschmack nachsalzen. Heiß werden lassen. Auf eine Platte geben und mit Fisch- sowie Gemüsewürfeln garnieren.

Cassavafisch in Zwiebelsauce
Cassava fish in onion sauce (Kamerun)

für 6 Personen

500 g Cassava- oder Barschfilet
3 EL Mehl
2 EL Paniermehl
2 gehackte Knoblauchzehen
8 gehackte Zwiebeln
3 EL Tomatenmark
½ TL Pfefferpaste
3 EL Erdnußöl
1 Bund Petersilie
1 Zitrone (Saft)
geriebene Muskatnuß
3 EL Butter

◆ Den Fisch in Scheiben schneiden und in einer Mischung aus Mehl und Paniermehl wenden. Butter erhitzen und den Fisch, die Hälfte des Knoblauchs sowie die Zwiebeln darin anbraten. Salzen, pfeffern, Tomatenmark und Pfefferpaste unterrühren. Kräftig braten, mit 1 Tasse Wasser ablöschen und zudecken. 15 Minuten köcheln.
Am Ende der Kochzeit Öl, den restlichen Knoblauch, gehackte Petersilie und Zitronensaft zur Sauce geben. Mit Muskat und Salz abschmecken. Heiß servieren.
Beilage: Maniok, Garri oder Yams

Rotbarsch in Tomatensauce
Kyenam greba (Ghana)

für 4 Personen

4 ganze Rotbarsche
4 EL Mehl
3 gehackte Zwiebeln
3 gehackte Knoblauchzehen
8 Tomaten
½ TL Pfefferpaste
1 Tasse Fischbrühe
1 Zitrone (Saft)
Butter
Erdnußöl

◆ Die Fische ausnehmen, die Köpfe aber nicht abtrennen. Salzen, pfeffern und in Mehl wenden. Butter erhitzen und die Fische von allen Seiten darin braten. Zur Seite stellen.
Öl erhitzen, Zwiebeln und Knoblauch darin anbraten. Die gewürfelten Tomaten und Pfefferpaste beifügen. Zudecken und 5 Minuten köcheln. Die Fische zugeben, weitere 10 Minuten köcheln. Fischbrühe und Zitronensaft zugießen. Die Fische aus der Sauce nehmen und auf einer Platte anrichten.
Die Sauce etwas einkochen und über die Fische gießen. Heiß servieren.
Beilage: Banku (Seite 133), Kenkey (Seite 135) oder Abolo (Seite 134)

Fisch in Kürbiskernsauce

Poisson egusi (Kamerun)

für 6 Personen

500 g geräucherte Heringe
6 Okras
2 Tomaten
2 gehackte Zwiebeln
2 gehackte Knoblauchzehen
200 g Kürbiskerne
½ TL Pfefferpaste
1 Bund Petersilie
½ Tasse Palmöl

◆ Den Fisch in kleine Stücke zerteilen und in leicht gesalzenem Wasser 6 Minuten garen.
Die Okras kleinschneiden und zugeben.
Öl erhitzen und die gewürfelten Tomaten, Zwiebeln sowie Knoblauch darin dünsten. Kürbiskerne, Pfefferpaste, gehackte Petersilie, den Fisch, die Okras sowie den Fischsud beifügen. Aufkochen, die Temperatur reduzieren und 7 Minuten köcheln.
Gut durchrühren und bei verringerter Hitze weitere 4 Minuten garen.
Beilage: Kochbananen, Yams, Süßkartoffeln oder Reis

Thunfisch mit Reis

Arroz com atum (Kapverdische Inseln)

für 6 Personen

400 g Thunfischfilet
2 Tomaten
2 gehackte Zwiebeln
2 gehackte Knoblauchzehen
2 gehackte Pfefferschoten
300 g Reis
1 Tasse Kürbiskerne
2 EL Tomatenmark
½ TL Pfefferpaste
1 Tasse Fleisch- oder Fischbrühe
3 Gewürznelken
1 Lorbeerblatt
½ Tasse Erdnußöl

zum Garnieren:
schwarze und grüne Oliven

◆ Den Fisch und die Tomaten würfeln.
Öl erhitzen und Zwiebeln, Knoblauch sowie Pfefferschoten darin anbraten. ½ l Wasser zugießen, den Reis beifügen und 10 Minuten kochen.
Kürbiskerne, Tomatenmark, Pfefferpaste, Brühe, Nelken und Lorbeerblatt zugeben, gut durchrühren und salzen. Fisch und Tomaten beifügen. Bei verringerter Hitze garen, bis der Reis eine locker-körnige Konsistenz annimmt. Wenn nötig, Wasser nachgießen.
Vor dem Servieren mit Oliven garnieren.

Fisch in Senfsauce

Filhete de peixe com mostarde (Kapverdische Inseln)

für 4-6 Personen

400 g Kabeljaufilet
1 Zitrone (Saft)
6-8 EL Senf
Milch
Mehl
3-4 EL Butter
1 Tasse Fleisch- oder Fischbrühe
½ TL Pfefferpaste
2 Möhren
½ Sellerieknolle
1 Stange Porree
½ Tasse Erdnußöl

◆ Den Fisch in Scheiben schneiden. Zitronensaft mit der Hälfte des Senfs sowie etwas Milch mischen; salzen und pfeffern. Den Fisch mit der Paste bestreichen und in Mehl wenden.
Öl erhitzen und den Fisch von allen Seiten 10 Minuten darin braten. Warm stellen.
Butter erhitzen. ½ Tasse Mehl einrühren und hellgelb werden lassen. ½ Tasse Milch, Brühe, den restlichen Senf, Salz und Pfefferpaste zugeben. Unter ständigem Rühren aufkochen, damit sich keine Klümpchen bilden.
Möhren, Sellerie sowie Porree sehr klein schneiden und in die Sauce geben. 10 Minuten köcheln.
Den Fisch auf einer Platte anrichten und mit der Sauce übergießen.
Beilage: Brot, Yams oder Taro

Fischbällchen

Fish balls (Nigeria)

für 6 Personen

250 g Kabeljaufilet
3-4 EL Butter
3-4 EL Mehl
½ l Milch
Zitronensaft
¼ TL Pfefferpaste
2 Eier
Paniermehl
1 Bund Petersilie
½ Tasse Erdnußöl

◆ Den Fisch in reichlich Wasser bei mittlerer Hitze 10 Minuten kochen. Abtropfen lassen und zur Seite stellen.
Butter erhitzen. Mehl einrühren und hellgelb werden lassen. Milch zugießen und unter ständigem Rühren aufkochen, damit sich keine Klümpchen bilden. Mit Salz und Zitronensaft abschmecken.
Den Fisch zerpflücken und mit Pfefferpaste unter die Sauce mischen – sie sollte eine breiige Konsistenz annehmen. Wenn nötig, nachsalzen.
Die Fischmasse auf einer geeigneten Unterlage ausbreiten und abkühlen lassen.
Die Eier verschlagen. Aus der Fischmasse Bällchen formen, in Ei und Paniermehl wälzen.
Öl erhitzen und die Bällchen darin braten, bis sie eine braune Farbe annehmen. Kurz auf Küchenpapier abtropfen lassen und vor dem Servieren mit gehackter Petersilie bestreuen.
Beilagen: Weißbrot, Salat

Fischklößchen in Gemüsesauce
Fish balls in vegetable sauce (Mali)

1½ Stunden Vorbereitungs- und Kochzeit
für 6 Personen

700 g Fischfilet
100 g Weißbrot
Milch
1 gehackte Pfefferschote
3 gehackte Zwiebeln
1 gehackte Knoblauchzehe
1 Bund Petersilie
2 Möhren
2 weiße Rüben
1 kleiner Weißkohl
2-3 EL Tomatenmark
frischer Thymian
1 Lorbeerblatt
Pflanzenöl

◆ Den Fisch in Stücke schneiden, das Weißbrot kurz in Milch einweichen. Fisch, Pfefferschote, zwei Zwiebeln, Knoblauch und gehackte Petersilie im Mixer pürieren. Das Weißbrot ausdrücken, zur Fischmasse geben und durchkneten, bis eine glatte Masse entsteht. Die Hände mit Öl bestreichen und aus der Fischmasse Klößchen formen. Öl erhitzen und die Fischklößchen von allen Seiten darin goldbraun braten.
Möhren, Rüben und Kohl in Streifen schneiden. Öl erhitzen und die dritte Zwiebel darin glasig braten. Das Tomatenmark mit Wasser verrühren und die Zwiebel damit ablöschen.
Die Fischklößchen beifügen, 1 l Wasser zugießen und die Temperatur erhöhen. Wenn die Sauce zu kochen beginnt, Gemüse, Thymian und Lorbeerblatt beifügen. Mit Salz abschmecken und bei mittlerer Hitze garen.
Beilage: Reis

Scharfe Fischsuppe
Fish pepper soup (Sierra Leone)

für 4 Personen

1 kg Rotbarschfilet
2 Tomaten
2-3 gehackte Chilis
1 gehackte Zwiebel
1 Bund Petersilie
frischer Thymian

◆ Den Fisch in Stücke schneiden, die Tomaten würfeln.
Fisch und Tomaten mit Chilis, Zwiebel sowie gehackter Petersilie in ½ l Wasser bei großer Hitze zum Kochen bringen. Bei verringerter Hitze 30 Minuten köcheln. Gelegentlich umrühren und, wenn nötig, Wasser zugießen.
Kurz vor Ende der Kochzeit Thymian beifügen. Salzen, durchrühren und heiß servieren.
Beilage: Fufu (Seite 127)

Reis mit Fischbällchen und Gemüse
Vegetable rice and fish (Gambia)

2 Stunden Vorbereitungs- und Kochzeit
für 4 Personen

1 kg Kabeljaufilet
4 Tomaten
2 Möhren
2 kleine Rettiche
½ Blumenkohl
1 gehackte Schalotte
3 gehackte Chilis
1 Bund Petersilie
2 Zitronen (Saft)
frischer Thymian
2 Lorbeerblätter
½ Tasse Essig
4 Tassen gekochter Reis
Pflanzenöl

◆ Öl erhitzen und den Fisch von allen Seiten darin braten. In kleine Stücke zerteilen. Die Tomaten würfeln; Möhren und Rettiche in Streifen, den Blumenkohl in Stücke schneiden.
Die Schalotte, zwei Chilis, gehackte Petersilie, Salz, Zitronensaft und etwas Öl im Mixer zu einer Paste verrühren. Die Hälfte der Tomaten und den Fisch zugeben, weiter pürieren.
Die Hände mit Öl bestreichen und aus der Fischpaste kleine Bällchen formen. Zur Seite stellen.
Die übrigen Tomaten, Möhren, Rettiche, den Blumenkohl, die dritte Chili, Thymian sowie Lorbeerblätter in Essig und 1 Tasse Wasser aufkochen. Bei geringer Hitze 30 Minuten köcheln.
Den heißen Reis auf einer großen Platte anrichten. Die Fischbällchen gleichmäßig darauf verteilen und vor dem Servieren mit Gemüsesauce übergießen.

Fischtopf mit Kartoffeln
Caldérade (Kamerun)

1½ Stunden Vorbereitungs- und Kochzeit
für 4 Personen

1 großer Süßwasserfisch (Lachsforelle)
5 große Tomaten
4 große Kartoffeln
2 Zwiebeln
gemahlener Piment
Palmöl

◆ Den Fisch in große Stücke zerteilen. Tomaten, Kartoffeln und Zwiebeln jeweils in gleich große Würfel schneiden.
Öl erhitzen. Nacheinander Fisch, Zwiebeln, Tomaten und Kartoffeln hineingeben. Mit Salz und Piment würzen. Etwas Wasser zugießen und aufkochen. Bei verringerter Hitze eine Stunde köcheln.
Erst vor dem Servieren kurz durchrühren. Sehr heiß auftragen.

Fischkuchen
Djumba (Kamerun)

2 Stunden Vorbereitungs- und Kochzeit
für 6 Personen

1 kg Makrelen
3 Bananenblätter oder Aluminiumfolie
gemahlener Piment
Palmöl
1 große Zitrone (Saft)

◆ Den Fisch in große Stücke zerteilen. Die Bananenblätter am harten Mittelgrat halbieren und blanchieren, bis sie weich genug sind, um gefaltet zu werden. Auf die Bananenblätter (oder Quadrate aus Aluminiumfolie) etwas Salz und Piment streuen, den Fisch darauflegen, wiederum Salz und Piment darübergeben. Etwas Palmöl mit Zitronensaft darüberträufeln.
Die Bananenblätter zu Päckchen falten und verschließen. Im Wasserbad 90 Minuten dünsten.

Fischpasteten »Teufel im Leib«
Pastel com diabo dentro (Kapverdische Inseln)

2 Stunden Vorbereitungs- und Kochzeit
für 15 Pasteten

500 g Thunfischfilet
1 Tomate
2 Süßkartoffeln
1 Tasse Maismehl
1 gehackte Zwiebel
4 gehackte Chilis
Palmöl

◆ Fisch und Tomate würfeln. Die Süßkartoffeln ungeschält garen und im Mixer pürieren. Maismehl unterrühren, bis der Teig eine geschmeidig-feste Konsistenz annimmt. Wenn nötig, einige TL Wasser hinzufügen. Den Teig zu einer Kugel rollen, in ein feuchtes Tuch einschlagen und kalt stellen.
Öl erhitzen und die Zwiebel darin glasig braten. Fisch, Tomate sowie Chilis zugeben und 10 Minuten braten. Anschließend vom Herd nehmen.
Teigkugeln von der Größe eines Golfballs formen und zu Kreisen ausrollen. Jeweils 1 TL Fischfüllung daraufsetzen. die Teighälften übereinanderfalten und an den Rändern zusammendrücken.
Reichlich Öl erhitzen und die Teigtaschen darin schwimmend ausbacken.
Kurz auf Küchenpapier abtropfen lassen und heiß servieren.

Fischeintopf
Lakh-lalo (Mali)

6 Stunden Vorbereitungs- und Kochzeit
für 4 Personen

1 kg Trockenfisch
15 Okras
3 gehackte Zwiebeln
3 Tomaten
2 gehackte Chilis
Olivenöl

◆ Den Trockenfisch drei Stunden wässern, anschließend in große Stücke zerteilen.
1 l Wasser zum Kochen bringen, den Fisch hineingeben und bei verringerter Hitze gar köcheln.
Die Okras kleinschneiden und mit zwei Zwiebeln im Mixer pürieren. Zum Fisch geben und durchrühren. Zudecken und 45 Minuten köcheln.
Währenddessen Öl erhitzen und die dritte Zwiebel darin glasig braten. Die gewürfelten Tomaten unterrühren und aufkochen, um die Flüssigkeit zu reduzieren. Mit 1 Tasse Wasser ablöschen, die Chilis beifügen und erneut aufkochen. Zudecken und 40 Minuten köcheln.
Von beiden Töpfen die Deckel nehmen und unter gelegentlichem Rühren weitere 30 Minuten köcheln.
Vor dem Servieren Fisch und Sauce vermengen.
Beilage: Fufu (Seite 127)

Bohnen-Fisch-Eintopf
Fish and bean stew (Ghana)

am Vortag beginnen
4-6 Personen

400 g Kidneybohnen oder rote Bohnen
1 Stange Porree
4 Tomaten
1 gehackte Zwiebel
1 gehackte Knoblauchzehe
2 EL Tomatenmark
½ TL Pfefferpaste
250 g geräucherter Fisch
Palmöl

◆ Die Bohnen über Nacht wässern. Am nächsten Tag in reichlich Wasser eine Stunde garen. Überschüssiges Wasser abschütten.
Den Porree in Ringe schneiden, die Tomaten würfeln. Beides mit Zwiebel, Knoblauch, Tomatenmark sowie Pfefferpaste zu den Bohnen geben und gut durchmischen. Etwas Öl zugießen und 30 Minuten dünsten.
Den Fisch in kleine Stücke zerteilen und 10 Minuten vor Ende der Garzeit zu den Bohnen geben. Mit Salz abschmecken und heiß servieren.
Beilage: Kochbananen, Yams oder Banku (Seite 133)

Fisch mit Süßkartoffelblättern

Poisson avec sauce aux feuilles de patates douces (Burkina Faso)

4½ Stunden Vorbereitungs- und Kochzeit
für 4 Personen

500 g Trockenfisch
500 g Süßkartoffelblätter oder Spinat
geriebene Muskatnuß
2 Tomaten
5 Okras
1 gehackte Zwiebel
2 gehackte Knoblauchzehen
2 gehackte Chilis
2 EL Tomatenmark
2 Tassen heißes Wasser
Palmöl

◆ Den Trockenfisch drei Stunden wässern.
Die Süßkartoffelblätter in Streifen schneiden und kurz in wenig Wasser dünsten. Abtropfen lassen.
Den Fisch in große Stücke zerteilen, mit den Süßkartoffelblättern mischen. Reichlich Muskat darüberstreuen und in wenig Wasser 45 Minuten köcheln.
Tomaten vierteln, Okras kleinschneiden. Zwiebel, Knoblauch, Tomaten, Chilis und Tomatenmark im Mixer pürieren.
Öl erhitzen, das Tomatenpüree zugeben und aufkochen. Mit heißem Wasser ablöschen. Die Okras beifügen, durchrühren und 15 Minuten köcheln.
Fisch und Süßkartoffelblätter auf einer großen Platte anrichten. Vor dem Servieren mit Sauce übergießen.
Beilage: Reis

Red Snapper in Gemüsesauce

Douala fish (Ghana)

2 Stunden Vorbereitungs- und Kochzeit
für 4 Personen

2-4 ganze Red Snapper (800 g)
2 gehackte Knoblauchzehen
½ TL Pfefferpaste
3 gehackte Zwiebeln
4-6 EL Tomatenmark
1 Zitrone (Saft)
geriebene Muskatnuß
Erdnußöl

◆ Die Fische ausnehmen, die Köpfe aber nicht abtrennen. Mit Salz, der Hälfte des Knoblauchs und Pfefferpaste außen und innen einreiben. Eine Stunde ziehen lassen.
Öl erhitzen, die Zwiebeln und den restlichen Knoblauch darin anbraten. Tomatenmark und Zitronensaft unterrühren, etwas Wasser zugießen. Zudecken und bei geringer Hitze einkochen, bis eine dickflüssige Sauce entsteht. Mit Muskat, Pfeffer und Salz abschmecken.
Währenddessen die Fische im vorgeheizten Backofen 20 Minuten grillen.
Die Zwiebelsauce über die Fische gießen und weitere 20 Minuten backen, die Fische dabei mehrfach wenden.
Beilage: Maniok, Garri oder Yams

Geräucherte Heringe in Palmöl

Moqueca de peixe (Guinea-Bissau)

2 Stunden Vorbereitungs- und Kochzeit
für 4-6 Personen

500 g geräucherte Heringe
1 Zitrone (Saft)
3 Tomaten
2 gehackte Zwiebeln
2 gehackte Knoblauchzehen
½ TL Pfefferpaste
1 Kokosnuß
1 Tasse Palmöl

◆ Den Fisch mit Zitronensaft beträufeln. Die Tomaten würfeln und mit Zwiebeln, Knoblauch, Pfefferpaste, Pfeffer und Salz im Mixer zu einer glatten Paste verrühren. Den Fisch damit einreiben und mindestens eine Stunde ziehen lassen.
Die Kokosnuß öffnen, das Fruchtfleisch raspeln und mit etwas Wasser mischen. Flüssigkeit herauspressen, bis sich etwa 1 Tasse ergibt. Die Kokosmilch mit 1 Tasse Wasser vermischen und zum Fisch gießen. Öl beifügen. Zudecken und bei starker Hitze 20 Minuten garen. Gelegentlich rühren – der Topf sollte jedoch möglichst selten geöffnet werden, damit das Aroma nicht entweicht.
Bei verringerter Hitze weitere 15 Minuten köcheln.
Beilage: Reis, Yams oder Kochbananen

Bemerkung:
Statt einer frischen Koskosnuß können getrocknete Kokosraspel und konservierte Kokosmilch bzw. -pulver verwendet werden.

Fisch in Tomatensauce

Fish jambalaya (Ghana)

für 6 Personen

500 g Fischfilet
2 gehackte Knoblauchzehen
4 Tomaten
2 Auberginen
3 gehackte Zwiebeln
3 EL Tomatenmark
½ TL Pfefferpaste
1 Zitrone (Saft)
½ Tasse Palmöl
Butter

◆ Den Fisch in Scheiben schneiden und mit Salz, der Hälfte des Knoblauchs sowie Pfeffer einreiben. Tomaten vierteln, Auberginen in Scheiben schneiden.
Butter erhitzen, Zwiebeln, den restlichen Knoblauch, Tomaten sowie Auberginen darin anbraten. Tomatenmark und Pfefferpaste beifügen, umrühren. Etwas Wasser zugießen, zudecken und bei geringer Hitze einkochen, bis eine dickflüssige Sauce entsteht.
Die Sauce über den Fisch gießen, zudecken und aufkochen. Bei verringerter Hitze garen; wenn nötig, von Zeit zu Zeit Wasser zugießen.
Am Ende der Kochzeit Zitronensaft sowie Öl zur Sauce geben. Heiß servieren.
Beilage: Maniok, Garri oder Yams

Austernspieße
Skewered oysters (Ghana)

für 4-6 Personen

250 g Austern oder
Flußmuscheln
3 gehackte Zwiebeln
3 gehackte Knoblauchzehen
8 Tomaten
1 Tasse Tomatenmark
½ TL Pfefferpaste
Curry
geriebene Muskatnuß
1 Limone (Saft)
1 Bund Petersilie
Butter

◆ Die Austern in leicht gesalzenem Wasser dünsten, bis sich die Schalen öffnen. Das Fleisch auslösen.
Butter erhitzen, Zwiebeln und Knoblauch darin anbraten. Die Tomaten würfeln und mit Tomatenmark und Pfefferpaste zugeben. Umrühren und, wenn nötig, etwas Wasser zugießen. Zudecken und bei verringerter Hitze 5 Minuten köcheln.
Die Austern zur Sauce geben, mit je einer Messerspitze Curry und Muskat abschmecken. Aufkochen und Flüssigkeit reduzieren.
Die Austern auf Holzspieße stecken und auf ein Backblech legen. Mit Sauce übergießen und im auf 150° vorgeheizten Ofen 10 Minuten backen.
Vor dem Servieren Limonensaft über die Spieße träufeln und gehackte Petersilie darüberstreuen.
Beilage: Brot, Yams oder Kartoffeln

Garnelen spezial
Sesse abom (Ghana)

für 6 Personen

400 g geschälte Garnelen
100 g Butter
200 g Mehl
3 Auberginen
2 Tomaten
150 g Erbsen
1 Eigelb

◆ Butter erhitzen. Mehl einrühren und hellgelb werden lassen. Wasser zugießen und gut durchrühren, damit sich keine Klümpchen bilden.
Auberginen und Tomaten würfeln, in die Sauce geben und unter Rühren garen. Mit Pfeffer und Salz abschmecken.
Die Garnelen und 2 Minuten später die Erbsen in die Sauce geben. Aufkochen und bei verringerter Hitze 10 Minuten köcheln.
Vor dem Servieren Eigelb in die Sauce einrühren.
Beilage: gegrillte Yams oder Kochbananen

Maniokgrieß mit Garnelen
Garri foto (Ghana)

für 4-6 Personen

300 g Garri
3 gehackte Zwiebeln
6 Tomaten
250 g geschälte Garnelen
2 EL Butter
Pflanzenöl

◆ 1 bis 2 Tassen warmes Wasser leicht salzen und langsam über den Garri gießen. Gut durchmischen. Garri darf lediglich feucht werden, keinesfalls in Wasser schwimmen. 30 Minuten quellen lassen.
Butter erhitzen und den Garri darin anbraten. Zur Seite stellen.
Öl erhitzen und die Zwiebeln darin anbraten. Die Tomaten im Mixer pürieren und zugeben. Unter Rühren kochen, bis die Sauce einen tiefen Orangeton annimmt; salzen und pfeffern.
Die Garnelen beifügen und bei verringerter Hitze unter ständigem Rühren garen. Abkühlen lassen.
Den Garri mit einer Gabel auflockern. Die lauwarme Sauce zugießen. Gut durchmischen und, wenn nötig, nachsalzen.

Yams-Festspeise
Bayere to (Ghana)

für 6 Personen

500 g Yams
2 geräucherte Heringe
3 gehackte Zwiebeln
Palmöl

zum Garnieren:
6 Eier

Bayere to ist eine »Speise für die Götter« und wird ausschließlich zu festlichen Anlässen aufgetragen: wenn es die Geburt von Zwillingen zu feiern gilt, bei Fruchtbarkeitsritualen oder am »Edim fie«, dem heiligen Tag im Monatsrhythmus der Akan, die das Jahr in neun vierzigtägige Zyklen unterteilen.

◆ Yams würfeln und in Wasser mit einer Prise Salz garen. Den Fisch zerpflücken.
Öl erhitzen, Fisch und Zwiebeln darin braten, bis der Fisch zerfällt und sich eine dickflüssige Sauce bildet.
Yams mit einer Gabel zerdrücken, salzen und pfeffern. Sauce zugeben und gut untermischen. Im auf 200° vorgeheizten Ofen 10 Minuten backen.
Vor dem Servieren mit hartgekochten, geviertelten Eiern belegen.

Gefüllte Taro
Mankani asombrofi (Ghana)

1½ Stunden Vorbereitungs- und Kochzeit
für 4 Personen

8 Tarowurzeln
2 geräucherte Heringe
1 gehackte Zwiebel
Palmöl

◆ Den Fisch zerpflücken und mit der Zwiebel im Mixer pürieren; salzen und pfeffern.
Öl erhitzen und das Fischpüree darin braten.
Die Taro ungeschält waschen und auf einem Grill oder im Backofen rösten. Die verbrannte Haut sorgfältig entfernen. Am dünnen Ende der Knollen einen »Deckel« abschneiden, die Taro flach aushöhlen. Fischmasse in die Taro geben, mit dem Deckel verschließen. Die Taro aufrecht stellen, damit sich die Sauce gleichmäßig verteilen kann.
Vor dem Servieren im Backofen nochmals erhitzen.

Taro-Heringstopf
Mpiho (Ghana)

für 4-6 Personen

500 g Taro (oder andere Cocoyamssorte)
200 g geräucherte Heringe
60 g Trockenfisch
2 gehackte Zwiebeln
2 gehackte Knoblauchzehen
gemahlener Ingwer
½ Tasse Palmöl
2 Eier

◆ Die Heringe in schmale Streifen schneiden. Den Trockenfisch 10 Minuten wässern, anschließend zerpflücken.
Die Taro würfeln und in 1 l Wasser mit einer Prise Salz 15 Minuten kochen.
Bei leicht verringerter Hitze Zwiebeln, Knoblauch, je eine Prise Ingwer, Pfeffer und Salz sowie Hering und Trockenfisch beifügen. Mit einem Rührstab pürieren. Unter ständigem Rühren Öl zugeben und mindestens 10 Minuten köcheln, bis der Brei eine zähflüssige Konsistenz annimmt.
Die verschlagenen Eier unterrühren, 10 Minuten ruhen lassen. Heiß servieren.

Bemerkung:
Varianten von Mpiho existieren in den meisten westafrikanischen Ländern. In Nigeria ist das Gericht unter dem Namen »Asawo« bei den Yoruba und Ijebu sehr beliebt. Dort werden die Eier nicht eingerührt, sondern hart gekocht und in Scheiben zum Eintopf gegeben.

Geflügel

Yassa-Huhn
Poulet Yassa (Senegal)

3-4 Stunden Vorbereitungs- und Kochzeit
für 4-6 Personen

1 Huhn
5 Zwiebeln
3 Zitronen (Saft)
2 gehackte Chilis
Palmöl

◆ Das Huhn in mundgerechte Stücke zerlegen. Die Zwiebeln in Ringe schneiden, mit Zitronensaft und Chilis zum Huhn geben; salzen und pfeffern. Das Huhn in dieser Marinade mindestens eine Stunde ziehen lassen, gelegentlich wenden.
Öl erhitzen, Huhn und Zwiebeln darin anbraten. Mit Marinade ablöschen. Salzen, pfeffern und 1 Tasse Wasser zugeben. Zudecken und bei mittlerer Hitze zwei Stunden schmoren.
Beilage: Reis

Hähnchen in Kokosmilch
Poulet au lait de coco (Kamerun)

für 4 Personen

1 Hähnchen
2 gehackte Zwiebeln
Safran
Zucker
1 Kokosnuß
Palmöl

◆ Das Hähnchen in mundgerechte Stücke zerlegen. Öl erhitzen und das Hähnchen darin anbraten. Herausnehmen und zur Seite stellen.
In demselben Öl die Zwiebeln anbraten. Mit je einer Prise Pfeffer, Salz, Safran und Zucker abschmecken. Wenn die Zwiebeln glasig sind, das Hähnchen wieder in die Pfanne geben. Bei verringerter Hitze etwa 5 Minuten braten.
Die Kokosnuß öffnen, das Fruchtfleisch raspeln und mit etwas Wasser mischen. Flüssigkeit herauspressen, bis sich etwa 1 Tasse ergibt. Die Kokosmilch mit 1 Tasse Wasser vermischen. Einen Teil der Kokosraspel zum Hähnchen geben und umrühren. Kokosmilch zugießen, aufkochen und bei mittlerer Hitze garen.

Bemerkung:
Statt einer frischen Koskosnuß können getrocknete Kokosraspel und konservierte Kokosmilch bzw. -pulver verwendet werden.

Gebratenes Hähnchen
Braised chicken (Nigeria)

für 4 Personen

1 Hähnchen
4 Tomaten
Butter
2 Eier
Paniermehl
Curry
Erdnußöl

◆ Die Tomaten halbieren. Die Schnittflächen mit Pfeffer und Salz bestreuen, je ein kleines Stück Butter darauflegen. Im Grill oder Ofen überbacken.
Das Hähnchen in mundgerechte Stücke zerlegen, die Eier verschlagen. Das Paniermehl mit Pfeffer, Salz und Curry mischen. Die Hähnchenstücke zunächst in Ei und anschließend in Paniermehl wälzen.
Öl erhitzen und die Hähnchenstücke darin goldbraun braten. Mit den Tomaten anrichten.
Beilage: Reis

Huhn in Erdnußsauce
Mafé (Mali)

für 8 Personen

2 Hühner
4 Tomaten
1 Weißkohl
4 Süßkartoffeln
6-8 Möhren
8 Okras
2 gehackte Zwiebeln
250 g Erdnußbutter
heißes Wasser
2 gehackte Chilis
Erdnußöl

◆ Die Hühner in mundgerechte Stücke zerlegen. Tomaten vierteln, Kohlblätter in Streifen schneiden. Süßkartoffeln würfeln, Möhren und Okras in Scheiben schneiden.
Öl erhitzen und das Huhn darin anbraten. Die Hälfte der Zwiebeln zugeben und goldbraun braten. Die Tomaten beifügen und umrühren. 1 l Wasser zugießen, salzen und pfeffern.
Die Erdnußbutter mit heißem Wasser zu einem glatten Brei verrühren und zum Huhn geben. In Abständen von 4 Minuten zuerst den Kohl, dann Süßkartoffeln, Möhren und Okras sowie die restlichen Zwiebeln beifügen. Bei geringer Hitze garen.
5 Minuten vor Ende der Kochzeit die Chilis einstreuen. Wenn nötig, nachsalzen.
Beilage: Reis oder Yams

Hühner-Rindfleisch-Topf

Beef 'n' chicken stew (Nigeria)

für 6 Personen

1 Huhn
500 g Rindergulasch
1 Möhre
1 Bund Suppengrün
3 gehackte Zwiebeln
½ l Fleischbrühe
Curry
4 Tomaten
1 rote Paprikaschote
Kurkuma
Erdnußöl

◆ Das Huhn in mundgerechte Stücke zerlegen. Möhre und Suppengrün würfeln.
Öl erhitzen und das Rindfleisch 15 Minuten darin braten. Herausnehmen und zur Seite stellen.
In demselben Öl das Hühnerfleisch, die Möhre, Suppengrün und Zwiebeln anbraten. Das Rindfleisch wieder zugeben, mit Fleischbrühe ablöschen. Mit Curry, Pfeffer und Salz würzen. Bei mittlerer Hitze 30 Minuten schmoren.
Tomaten vierteln, Paprika in Ringe schneiden. Tomaten und Paprikaringe zum Fleisch geben, bei mittlerer Hitze 15 Minuten garen. Mit Kurkuma und Salz abschmecken.
Beilage: Reis

Gemüsehuhn

Kedjénou (Côte d'Ivoire)

für 4 Personen

1 Huhn
2 gehackte Zwiebeln
4 gehackte Knoblauchzehen
6 Tomaten
4 Lorbeerblätter
½ l Hühnerbrühe
2 EL Tomatenmark
1 Aubergine oder Zucchino
1 gehackte Pfefferschote

◆ Das Huhn in mundgerechte Stücke zerlegen und mit Salz bestreuen.
½ l Wasser mit einer Zwiebel, Knoblauch sowie einer Prise Salz zum Kochen bringen. Das Huhn zugeben.
Drei Tomaten im Mixer pürieren und beifügen. Die zweite Zwiebel mit Lorbeerblättern, Hühnerbrühe und Tomatenmark zugeben.
Die Aubergine kleinschneiden. Die restlichen Tomaten halbieren. Beides mit der Pfefferschote zum Huhn geben. Aufkochen und 30 Minuten garen.
Beilage: Garri, Reis oder Couscous

Zwiebelhuhn
Dschadsch (Mauretanien)

am Vortag beginnen
für 4 Personen

1 Huhn
200 g Kichererbsen
500 g Zwiebeln
250 g Butter

◆ Die Kichererbsen über Nacht wässern. Am nächsten Tag in reichlich Wasser garen.
Das Huhn in mundgerechte Stücke zerlegen, die Zwiebeln in Ringe schneiden.
Butter erhitzen. Zwiebelringe und Kichererbsen zugeben, die Hühnerstücke daraufschichten. Salzen, pfeffern und zudecken. Bei starker Hitze 10 Minuten schmoren.
Mit ½ Tasse Wasser ablöschen, den Deckel wieder schließen und bei mittlerer Temperatur 20 Minuten garen; gelegentlich durchrühren.
Beilage: Fladenbrot

Reiseintopf à la créole
Creole jambalaya (Sierra Leone)

1½ Stunden Vorbereitungs- und Kochzeit
für 4-6 Personen

400 g Hühnerfilet
150 g Dörrfleisch
200 g Sellerieknolle
1 Paprikaschote
1 gehackte Zwiebel
3 gehackte Knoblauchzehen
frischer Thymian
1 Lorbeerblatt
1 TL gemahlene Gewürznelken
Cayennepfeffer
1 Tasse Tomatenmark
½ l Fleischbrühe
1 Tasse Reis
2 EL Butter

◆ Huhn, Dörrfleisch und Sellerie würfeln. Den Paprika in schmale Streifen schneiden.
Butter erhitzen und Zwiebel, Knoblauch, Sellerie sowie das Huhn 5 Minuten darin anbraten.
Paprikastreifen, Thymian, Lorbeerblatt, Nelken, Cayennepfeffer und Salz beifügen. Bei geringer Hitze 10 Minuten dünsten.
Dörrfleisch und Tomatenmark zugeben, die Temperatur erhöhen. Mit Fleischbrühe ablöschen und aufkochen.
Den Reis beifügen und umrühren. Wasser zugießen, bis der Reis bedeckt ist. Bei mittlerer Hitze 30 Minuten garen.

Variante:
Statt Huhn Hammel oder Rind nehmen.

Rasantes Hühnchen

Akoko mmire (Ghana)

für 6 Personen

500 g Hühnerschenkel
150 g Pilze
1 Aubergine
1 gehackte Zwiebel
1 gehackte Pfefferschote
1 gehackte Knoblauchzehe
½ l Hühnerbrühe
Pflanzenöl

◆ Die Hühnerschenkel salzen. Pilze in Scheiben schneiden, Aubergine würfeln.
Öl erhitzen und das Huhn darin anbraten. Zwiebel, Pfefferschote und Knoblauch beifügen. Bei mittlerer Hitze 15 Minuten dünsten.
Hühnerbrühe, Pilze und Aubergine zugeben; salzen und pfeffern. Zudecken und 30 Minuten köcheln.

Huhn mit schwarzen Bohnen

Chicken with black beans (Liberia)

2 Stunden Vorbereitungs- und Kochzeit
für 4-6 Personen

500 g Hühnerfilet
Mehl
1 Paprikaschote
8 Schalotten
4 gehackte Knoblauchzehen
1 gehackte Pfefferschote
½ Tasse schwarze Bohnen
1 Stück geriebene Orangenschale
1 Tasse Rotwein
½ l Hühnerbrühe
2 TL Zucker
Pflanzenöl

◆ Das Huhn in Streifen schneiden, salzen und in Mehl wenden. Den Paprika in Streifen schneiden.
Öl erhitzen und das Huhn darin anbraten. Die Schalotten zur Hälfte unzerteilt beifügen. Den Rest hacken und ebenfalls zugeben. 10 Minuten braten. Anschließend Huhn und Schalotten aus dem Topf nehmen und zur Seite stellen.
In demselben Öl die Paprikastreifen anbraten. Nacheinander Knoblauch, Pfefferschote und die gewässerten Bohnen zugeben. Mit Orangenschale sowie Salz abschmecken. Gut durchrühren und 5 Minuten braten.
Huhn und Schalotten erneut beifügen, mit Wein und Hühnerbrühe ablöschen. Zucker zugeben, gut durchrühren. Zudecken und 20 Minuten köcheln.
Aufkochen und die noch vorhandene Flüssigkeit zu einer dicken Sauce reduzieren.
Beilage: Reis

Gefüllte Wildtaube
Abronoma a yarosu (Ghana)

2 Stunden Vorbereitungs- und Kochzeit
für 4 Personen

4 Wildtauben
3 Yamsscheiben
250 g altbackenes Brot
2 Eier
150 g Sellerieknolle
3 gehackte Zwiebeln
1 Bund Petersilie
Grillpulver (Seite 82)
125 g Butter

◆ Yams kochen und mit einer Gabel zerdrücken. Das Brot in Wasser einweichen, die Flüssigkeit herausdrücken. Die Eier verschlagen und mit dem Brot zu den Yams geben. Salzen, pfeffern und gut durchmischen. Den Sellerie würfeln.
2 EL Butter erhitzen und Zwiebeln, Sellerie sowie gehackte Petersilie 20 Minuten darin dünsten. Mit der Brotmasse vermengen.
Die Tauben ausnehmen und mit der Masse füllen. Die Öffnungen mit Küchengarn oder Zahnstochern verschließen. Die Tauben außen großzügig mit Grillpulver einreiben. Im auf 180° vorgeheizten Backofen 45 Minuten grillen. Gelegentlich wenden und mit Butter bestreichen.
Beilagen: Weißbrot und Salat

Bemerkung:
Statt Tauben einen Truthahn, Wildenten, Wachteln oder Hühner verwenden. Die Menge der Füllung muß entsprechend erhöht bzw. verringert werden.

Perlhuhnragout
Akonfem stuul (Ghana)

für 4 Personen

1 Perlhuhn oder Rebhuhn
4 Tomaten
2 gehackte Zwiebeln
Basilikum
frischer Thymian
1 Bund Petersilie
Erdnußöl

◆ Das Perlhuhn in mundgerechte Stücke zerlegen, die Tomaten vierteln.
Öl erhitzen und das Perlhuhn darin anbraten. Die Zwiebeln beifügen und glasig dünsten. Tomaten, Basilikum, Thymian sowie gehackte Petersilie zugeben und alles kurz bei hoher Temperatur braten.
Mit ½ l Wasser ablöschen, zudecken und 30 Minuten köcheln.

Transportbereite Ananas in Ghana

Verkaufsstand mit Trinkwassergefäßen. Diese »afrikanischen Kühlschränke« temperieren das Wasser durch Verdunstungskälte – genau wie tönerne Weinkühler.

Fischereiboote in
Senya-Beraku, Ghana

In den Fels gebaute
Getreidespeicher in
Djenné, Mali

◆ Öl erhitzen, Zwiebeln und gewürfelte Tomaten 15 Minuten darin dünsten.
Durchseihen und mit ½ Tasse Öl, Knoblauch sowie Limonensaft verrühren. Mit Basilikum, Thymian, gehackter Petersilie und Pfefferpaste würzen. Salzen und gut durchrühren. Eine Stunde köcheln, gelegentlich umrühren.
Vom Herd nehmen und abkühlen lassen. Das Perlhuhn in mundgerechte Stücke zerlegen. In die erkaltete Sauce legen und über Nacht marinieren.
Am nächsten Tag das Perlhuhn über einem Holzkohlenfeuer oder im Backofen 25 Minuten grillen, dabei häufig wenden.
Vor dem Servieren mit Thymian bestreuen.
Beilage: Brot, Kochbananen oder gegrillte Yams

Gegrilltes Perlhuhn
Akonfem totoe (Ghana)

am Vortag beginnen
für 4 Personen

1 Perlhuhn
3 gehackte Zwiebeln
500 g Tomaten
3 gehackte Knoblauchzehen
1 Limone (Saft)
Basilikum
frischer Thymian
1 Bund Petersilie
Pfefferpaste oder Pfeffersauce (Seite 119)
Erdnußöl

Wild

Antilopengulasch
Otwe stuul (Ghana)

2 Stunden Vorbereitungs- und Kochzeit
für 4-6 Personen

500 g Antilopengulasch (bzw. Hirsch oder Reh)
2 Auberginen
½ l Fleischbrühe
4 gehackte Zwiebeln
Mehl
2 EL Tomatenmark
Paprika
½ TL Cayennepfeffer
geriebene Muskatnuß
Erdnußöl

◆ Das Fleisch salzen, die Auberginen in dünne Scheiben schneiden.
Fleischbrühe erhitzen, Fleisch und Zwiebeln 15 Minuten darin dünsten.
Die Hitze verringern und, wenn nötig, Wasser nachgießen. Weitere 20 Minuten köcheln.
Herausnehmen und abtropfen lassen. Den Sud zur Seite stellen. Das Fleisch in Mehl wenden.
Öl erhitzen und das Fleisch darin goldbraun anbraten. Auberginen, Zwiebeln und Sud beifügen.
Das Tomatenmark einrühren. Mit Paprika, Cayennepfeffer und Muskat abschmecken. Bei mittlerer Hitze 40 Minuten kochen.
Beilage: Ampesi (Seite 127), Kenkey (Seite 135), Banku (Seite 133) oder Reis

Eichhörnchentopf
Squirrel all-in-one (Ghana)

am Vortag beginnen
für 4 Personen

3 Eichhörnchen oder 1 Hase
1 Tasse getrocknete Maiskörner
200 g weiße Bohnen
4 Yamsscheiben
3 Okras
4 gehackte Zwiebeln
1 Tasse trockener Rotwein
Paniermehl
½ TL grüne Pfefferkörner
1 gehackte Pfefferschote
2 EL Tomatenmark
Erdnußöl

◆ Maiskörner und Bohnen über Nacht wässern. Am nächsten Tag getrennt in wenig Wasser garen.
Die Eichhörnchen in mundgerechte Stücke zerlegen und mit Salz einreiben. Yams und Okras kleinschneiden.
Fleisch und die Hälfte der Zwiebeln in wenig Wasser unter gelegentlichem Rühren 15 Minuten dünsten, den Topf dabei nicht schließen. Mit Rotwein ablöschen, zudecken und bei mittlerer Hitze weitere 20 Minuten kochen.
Das Fleisch herausnehmen, mit Küchenpapier abtupfen und in Paniermehl wenden. Den Sud zur Seite stellen.
Öl erhitzen und das Fleisch darin anbraten. Die restlichen Zwiebeln beifügen und glasig braten.
Fleisch und Zwiebeln wieder zum Sud geben. Nacheinander Yams, Mais, Bohnen, Okras, Pfefferkörner und Pfefferschote beifügen. Das Tomatenmark unterrühren. Unter häufigem Rühren 40 Minuten gar köcheln.

Kaninchentopf

Adanko stuul (Ghana)

2½ Stunden Vorbereitungs- und Kochzeit
für 4-6 Personen

1 Kaninchen
1 gehackte Knoblauchzehe
1 Lorbeerblatt
frischer Thymian
1 TL grüne Pfefferkörner
4 EL Sherry
1 gehackte Zwiebel
1 EL Mehl
1 Pfefferschote
Pflanzenöl
Butter

◆ Das Kaninchen in mundgerechte Stücke zerlegen. Knoblauch, Lorbeerblatt, Thymian, Pfefferkörner, Sherry und etwas Wasser zugeben. Das Kaninchen in dieser Marinade eine Stunde ziehen lassen.
Das Fleisch abtropfen lassen, die Marinade durchseihen und zur Seite stellen.
Öl erhitzen und das Fleisch von allen Seiten 10 Minuten darin anbraten.
Butter erhitzen und die Zwiebel darin glasig dünsten. Mit Mehl bestäuben und zur Marinade geben. Erhitzen; Fleisch, Pfefferschote sowie etwas Wasser beifügen und aufkochen. Zudecken und 30 Minuten gar köcheln.
Beilage: Reis, Yams oder Brot

Verkehrtes Schildkrötengulasch

Mock turtle stew (Ghana)

für 4 Personen

1 kg Hühnerfilet
1 gehackte Zwiebel
1 gehackte Pfefferschote
½ Tasse Mehl
1 Lorbeerblatt
1 gehackte Knoblauchzehe
frischer Thymian
4 EL Sherry
Pflanzenöl

In den Flußgegenden Westafrikas wird häufig Schildkrötenfleisch aufgetischt. Doch das Gericht schmeckt auch mit anderen Fleischsorten: Wir empfehlen Hühnerfilet.

◆ Die Hühnerfilets würfeln.
Öl erhitzen und Huhn, Zwiebel sowie Pfefferschote darin anbraten. Mit Mehl bestäuben. Lorbeerblatt, Knoblauch und Thymian beifügen, gut durchrühren. Unter ständigem Rühren bei geringer Hitze 5 Minuten weiterbraten.
Mit Sherry und 1 Tasse Wasser ablöschen. Weitere 30 Minuten garen.
Beilage: Reis, Yams oder Brot

Schnecken in scharfer Sauce
Snails in spicy sauce (Nigeria)

für 4 Personen

500 g Weinbergschnecken ohne Schale
1-2 TL Cayennepfeffer
1 gehackte Zwiebel
2 Tomaten
Palmöl

◆ Öl sehr stark erhitzen, dabei Cayennepfeffer einrühren. Die Zwiebel sowie die geviertelten Tomaten beifügen und anbraten.
Nach 10 Minuten die Schnecken zugeben und weitere 10 Minuten braten.
Beilage: Garri

Scharfer Schneckenspieß
Nwa dwane (Ghana)

1½ Stunden Kochzeit
für 4 Personen

350 g Weinbergschnecken ohne Schale
½ Tasse Grillpulver (Seite 82)
2 Auberginen
2 Zwiebeln

◆ Die Schnecken in Grillpulver wälzen. Die Auberginen würfeln, die Zwiebeln in große Stücke schneiden. Auberginen und Zwiebeln jeweils in Wasser mit einer Prise Salz aufkochen.
Abwechselnd Schnecken, Auberginen und Zwiebeln auf Spieße stecken. Im auf 180° vorgeheizten Backofen 30 Minuten rösten.
Beilage: Weißbrot

Saucen

Pfeffersauce
Moko (Ghana)

1½ Stunden Vorbereitungs- und Kochzeit
für 4-6 Personen

250 g getrocknete Garnelen
4 gehackte Zwiebeln
2 gehackte Knoblauchzehen
4 gewürfelte Tomaten
1 EL Cayennepfeffer
1 Stück geriebene Ingwerwurzel (5 cm)
Pflanzenöl

◆ Die Garnelen 30 Minuten wässern.
Alle Zutaten bis auf das Öl mit je 1 TL schwarzem und weißem Pfeffer sowie Salz im Mixer zu einer Paste verrühren.
Öl erhitzen und die Paste unter Rühren 30 Minuten braten. Wenn nötig, etwas Wasser zugießen.

Bemerkung:
Die aromatische Sauce wird vor allem zu Fischgerichten und Klößchen aus Maniok, Yams, Kochbananen oder ähnlichem serviert. Das Rezept ist je nach Geschmack und Gelegenheit zu variieren. Wird Pfeffersauce zu Fleischgerichten gereicht, empfiehlt es sich beispielsweise, keine Garnelen zu verwenden.

Seemannsgruß
Apofo annto (Ghana)

für 6 Personen

6 Heringe
2 gehackte Pfefferschoten
2 gehackte Knoblauchzehen
4 gehackte Zwiebeln
250 g Rindergulasch
3 Tomaten

zum Garnieren:
2 Eier

Beliebtes Gericht der Fanti-Fischer an der Küste Ghanas, die diese Sauce häufig als Proviant mitnehmen – daher der Name.

◆ Kopf, Schwanz und Flossen der ausgenommenen Heringe entfernen, die Fische mit reichlich Salz einreiben.
Pfefferschoten, Knoblauch sowie die Hälfte der Zwiebeln mit Salz im Mörser oder Mixer zu einer Paste verrühren. Das Fleisch fein würfeln, die Tomaten in Scheiben schneiden.
½ l Wasser zum Kochen bringen. Das Fleisch mit Zwiebelpaste, Tomaten sowie den restlichen Zwiebeln zugeben und 5 Minuten aufkochen.
Die Fische beifügen. Bei verringerter Hitze 25 Minuten köcheln, bis Fisch und Fleisch zerfallen und das Ragout eine dickflüssige Konsistenz annimmt.
Mit hartgekochten, in Scheiben geschnittenen Eiern garnieren und heiß servieren.
Beilage: Banku (Seite 133), Kenkey (Seite 135), Weißbrot oder Reis

Weiße Bohnensauce
Koliko (Ghana)

am Vortag beginnen
für 4-6 Personen

300 g weiße Bohnen
2 gehackte Pfefferschoten
1 TL Zucker
2 EL Paprika

◆ Die Bohnen über Nacht wässern. Am nächsten Tag in ½ l Wasser garen.
Ein Drittel der Bohnen mit Pfefferschoten im Mixer pürieren. Das Püree wieder zu den Bohnen im Topf geben. Pfeffer, Salz, Zucker sowie Paprika beifügen und durchrühren. Weitere 5 Minuten kochen.
Heiß oder kalt servieren.
Beilage: Tatale (Seite 130), Kakro (Seite 131) oder Kenkey (Seite 135)

Krebspaste
Kotokyim (Ghana)

für 4-6 Personen

6 Krebse
5 gehackte Zwiebeln
4 Tomaten
½ TL gemahlener Ingwer
Butter

◆ Die Krebse in Wasser mit einer Prise Salz 15 Minuten garen.
Das Fleisch auslösen, ohne die Panzer zu beschädigen. Die Panzer säubern, mit Butter einfetten und zur Seite stellen.
Butter erhitzen, die Zwiebeln und die in Scheiben geschnittenen Tomaten darin anbraten. Mit Salz, Ingwer und schwarzem Pfeffer würzen. Wenn nötig, 1 Tasse Wasser zugießen; aufkochen.
Die Hitze verringern, die Krebse zugeben und 15 Minuten köcheln, bis eine dickflüssige Paste entsteht.
Die Paste in die Panzer füllen und servieren.
Beilage: Reis oder Garri

Auberginenpaste
Eggplant sauce (Nigeria)

für 4-6 Personen

3 Auberginen
3 gehackte Knoblauchzehen
2 gehackte Schalotten
1 Bund Petersilie
2 TL Sesamkörner
2 EL Zitronensaft

◆ Die Auberginen in große Stücke schneiden und in wenig Wasser mit einer Prise Salz 15 Minuten dünsten.
Die Auberginen im Mixer zerkleinern. Knoblauch, Schalotten, gehackte Petersilie und Sesamkörner beifügen. Mit Zitronensaft sowie Salz abschmecken und zu einer Paste verrühren.
Kalt zu Fleischgerichten und Fladenbrot reichen.

Grüne Sauce
Green sauce (Ghana)

4 Stunden Vorbereitungs- und Kochzeit
für 6 Personen

500 g Spinat
200 g Trockenfisch
200 g Pilze
2 Lorbeerblätter
2 gehackte Zwiebeln
3 gehackte Knoblauchzehen
2 Tomaten
½ Tasse Palmöl

◆ Den Trockenfisch drei Stunden wässern, anschließend zerpflücken. Die Pilze kleinschneiden.
Den Spinat mit Pilzen, Fisch und Lorbeerblättern in wenig Wasser 10 Minuten dünsten.
Wasser abgießen. Spinat, Pilze und Fisch im Mixer pürieren. Zwiebeln, Knoblauch sowie die gewürfelten Tomaten beifügen und ebenfalls pürieren. Mit Pfeffer und Salz abschmecken.
Öl erhitzen und das Spinatpüree hineingeben. Unter Rühren aufkochen. Heiß servieren.
Beilage: Kochbananen, Yams oder Süßkartoffeln

Gartensauce
Ntorewa froe (Ghana)

1½ Stunden Vorbereitungs- und Kochzeit
für 6 Personen

800 g Auberginen
100 g Trockenfisch
4 gehackte Zwiebeln
3 gehackte Knoblauchzehen
8 Tomaten
125 g durchwachsener Speck
2 gehackte Pfefferschoten
2 Lorbeerblätter
Palmöl

◆ Die Auberginen würfeln und in wenig Wasser dünsten. Den Trockenfisch 30 Minuten wässern, anschließend zerpflücken.
Öl erhitzen, Zwiebeln und Knoblauch darin anbraten. Nach 3 Minuten den Fisch beifügen, dabei ständig rühren.
Die Tomaten würfeln und zugeben. Unter ständigem Rühren 10 Minuten köcheln.
Den Speck fein würfeln. Mit Pfefferschoten und Lorbeerblättern zum Fisch geben. Aufkochen, 1 Tasse Wasser zugießen und gut durchrühren. Die Auberginen beifügen. Bei verringerter Hitze und unter ständigem Rühren etwa 10 Minuten kochen, bis eine sämige Sauce entsteht und sich Öl an der Oberfläche absetzt.
Beilage: Yams, Cocoyams, Süßkartoffeln oder Kochbananen

Fischsauce
Nkrumma froe (Ghana)

1½ Stunden Vorbereitungs- und Kochzeit
für 6 Personen

100 g Trockenfisch
500 g Kabeljaufilet
125 g durchwachsener Speck
2-3 Auberginen
10 Okras
8 Tomaten
4 gehackte Zwiebeln
3 gehackte Knoblauchzehen
2 gehackte Pfefferschoten
2 Lorbeerblätter
Palmöl

◆ Den Trockenfisch 30 Minuten wässern, anschließend zerpflücken.
Den Kabeljau in Streifen schneiden. Speck, Auberginen und Okras würfeln. Die geviertelten Tomaten im Mixer pürieren. Die Auberginenstücke in wenig Wasser dünsten.
Öl erhitzen und die Hälfte der Zwiebeln darin anbraten. Nach 5 Minuten Trockenfisch und Tomatenpüree beifügen, dabei ständig rühren. Aufkochen, die Hitze verringern und unter ständigem Rühren köcheln, bis der Trockenfisch zerfällt.
Die restlichen Zwiebeln, Okras, Speck, Knoblauch, Pfefferschoten sowie Lorbeerblätter zugeben. Gut durchrühren. Den Kabeljau beifügen und aufkochen. Bei verringerter Hitze die Auberginen zugeben und unter gelegentlichem Rühren 15 Minuten gar köcheln.
Beilage: Cocoyams, Süßkartoffeln, Kochbananen oder Banku (Seite 133)

Sauce aus Okras und Meeresfrüchten
Gombo aux fruits de mer (Senegal)

für 4 Personen

12 Okras
2 Krebse
200 g Sellerieknolle
2 Paprikaschoten
2 Tomaten
4 gehackte Zwiebeln
2 gehackte Knoblauchzehen
frischer Thymian
1 Lorbeerblatt
100 g Muschelfleisch
100 g geschälte Garnelen
Zucker
Palmöl

◆ Die Krebse in wenig Wasser garen. Das Fleisch auslösen und zur Seite stellen.
Sellerie, Paprika und Okras würfeln, die Tomaten vierteln.
Öl erhitzen und Zwiebeln, Knoblauch sowie Sellerie darin anbraten. Thymian, Lorbeerblatt, Paprikawürfel und Okras beifügen. Mit 1 Tasse Wasser ablöschen.
Krebse, Muscheln und Tomaten beifügen, ½ l Wasser zugießen. Aufkochen, die Temperatur reduzieren und 20 Minuten köcheln.
Die Garnelen zugeben, mit Zucker und Salz abschmecken. Unter ständigem Rühren etwa 10 Minuten kochen, bis eine sämige Sauce entsteht und sich Öl an der Oberfläche absetzt.

Variante:
Statt Sellerie Spinat verwenden.

Currysauce
Curry sauce (Nigeria)

für 4 Personen

3 EL Curry
2 gehackte Zwiebeln
2 gehackte Knoblauchzehen
2 EL Worcestersauce
2 EL Pfefferpaste
1 Tasse Mayonnaise
Palmöl

◆ Öl erhitzen, Zwiebeln und Knoblauch darin anbraten. Worcestersauce, Pfefferpaste, Curry, Mayonnaise sowie Salz unterrühren und aufkochen.
Kalt zu Salat oder Gemüse servieren.

Spinatsauce
Bitterleaf sauce (Nigeria)

für 6 Personen

500 g Spinat
500 g Rindergulasch
6 Tomaten
2 gehackte Zwiebeln
3 gehackte Knoblauchzehen
2 Lorbeerblätter
2 gehackte Chilis
1 l heißes Wasser
½ Tasse Kürbiskerne
Palmöl

◆ Den Spinat in Streifen schneiden. Das Fleisch fein würfeln. Die Tomaten vierteln.
Öl erhitzen und Fleisch, Zwiebeln, Knoblauch sowie Lorbeerblätter darin anbraten. Mit 1 Tasse Wasser ablöschen. Tomaten sowie Chilis beifügen und aufkochen. Heißes Wasser zugießen und bei mittlerer Hitze kochen.
Die Kürbiskerne mit 1 Tasse Wasser zugeben und 20 Minuten köcheln.
Den Spinat beifügen und unter ständigem Rühren weitere 30 Minuten garen.

Beilagen

Gekochte Knollen
Ampesi (Ghana)

für 4-6 Personen

1 kg Maniok, Yams, Cocoyams oder Süßkartoffeln

◆ Die Knollen schälen und gegebenenfalls in Stücke oder Scheiben schneiden. In Wasser mit einer Prise Salz garen.

Bemerkung:
Eignet sich als Beilage zu Saucen und Gemüsegerichten.

Variante:
Auch Kochbananen werden in dieser Art zubereitet.

Gegrillte Knollen
Esaato (Ghana)

für 4-6 Personen

1 kg Maniok, Yams, Cocoyams oder Süßkartoffeln

◆ Die Knollen schälen und gegebenenfalls in Stücke oder Scheiben schneiden. 5 Minuten in gesalzenes Wasser legen, anschließend 20 Minuten grillen, vorzugsweise über Holzkohlenfeuer.

Bemerkung:
Gegrillte Knollen sind als Beilage oder Zwischenmahlzeit in ganz Westafrika verbreitet. Sie schmecken besonders gut zu Erdnüssen und Avocados.

Variante:
Auch Kochbananen werden in dieser Art zubereitet.

Knollenbrei
Fufu

1 kg Maniok, Yams, Cocoyams oder Süßkartoffeln

◆ Die Knollen schälen und gegebenenfalls in Stücke oder Scheiben schneiden. In Wasser mit einer Prise Salz garen, anschließend im Mixer pürieren.

Bemerkung:
Knollenbrei schmeckt besonders gut zu Erdnuß-Palmsuppe (Seite 61).

Variante:
Auch Kochbananen werden in dieser Art zubereitet.

Fufu-Ersatz

für 4 Personen

3 Tassen Kartoffelpüree
1 Tasse Kartoffelmehl
kochendes Wasser

Maniok, Süßkartoffeln, Cocoyams oder Yams sind in Europa nicht überall erhältlich. Findige Westafrikaner, die auf ihren geliebten Fufu nicht verzichten wollten, erfanden deshalb ein halbwegs befriedigendes Ersatzrezept.

◆ Püree und Mehl mit kaltem Wasser anrühren, nach Geschmack salzen. Langsam erhitzen. Bei mittlerer Temperatur kochendes Wasser unter ständigem Rühren zufügen, bis die Masse eine weiche, gleichzeitig jedoch steife Konsistenz annimmt.

Yamskroketten
Yam balls (Nigeria)

200 g Yams
2 Tomaten
1 gehackte Zwiebel
1 Ei
2 gehackte Chilis
Mehl
Erdnußöl

◆ Yams in fingerdicke Scheiben schneiden und in leicht gesalzenem Wasser 20 Minuten garen.
Die Tomaten würfeln. Yams im Mixer pürieren; salzen und pfeffern. Nacheinander Zwiebel, Ei, Tomaten sowie Chilis beifügen und mitpürieren. Aus der Masse eigroße, ovale Kugeln formen und in Mehl wenden.
Öl erhitzen und die Kroketten darin braten, bis sie braun und knusprig sind. Heiß servieren.

Variante:
Etwas Corned Beef, frischen Thymian und Curry unter das Yamspüree mischen.

Yamsbrei
Ebe (Benin)

für 4 Personen

1 kg Yams
1 EL Palmöl
3 Tomaten
1 gehackte Zwiebel
50 g getrocknete Garnelen
4 gehackte Chilis

◆ Yams in fingerdicke Scheiben schneiden und in Wasser mit Öl sowie einer Prise Salz 20 Minuten garen.
Die Tomaten vierteln und mit Zwiebeln, gewässerten Garnelen, Chilis sowie ½ Tasse Wasser im Mixer pürieren.
Das Püree zu den Yams geben. Unter ständigem Rühren bei mittlerer Hitze 10 Minuten kochen, bis ein dicker Brei entsteht.

Bemerkung:
Eignet sich als Beilage vor allem zu Gerichten mit Bitterleaf oder Fisch.

Die Markthalle von
Dakar in Senegal

Marktstand mit
Papayas und Mangos
in Bamako, Mali

Die Markthalle von Ougadougou in Burkina Faso

Stand mit Erdnußbutter in Ougadougou

Gebackenes Eddoes-Püree
Sasa (Ghana)

für 6 Personen

6 Eddoes (oder Cocoyams)
2 Tomaten
4 gehackte Zwiebeln
Palmöl

◆ Die Eddoes ungeschält waschen und auf einem Grill oder im Backofen rösten. Die verbrannte Haut sorgfältig entfernen, die Eddoes mit einer Gabel zerdrücken.
Die Tomaten vierteln und mit den Zwiebeln im Mixer pürieren; salzen und pfeffern.
Öl erhitzen und das Tomatenpüree darin dünsten. Zu den Eddoes geben, gut durchmischen, mit Pfeffer und Salz würzen. In eine hitzebeständige flache Form füllen und im auf 200° vorgeheizten Ofen 10 Minuten backen.

Bemerkung:
Gebackenes Eddoes-Püree schmeckt besonders gut zu Gemüse-Omelett (Seite 45).

Süßkartoffeltaler
Ntomo krakro (Ghana)

1 Stunde Kochzeit
für 6 Personen

250 g Süßkartoffeln
Milch
2 Eier
1 EL Mehl
Paniermehl
Butter

◆ Die Süßkartoffeln in Stücke schneiden und gar kochen. Anschließend mit etwas Milch oder Wasser im Mixer pürieren.
Aus der Masse stark abgeflachte Bällchen formen. Die Eier mit Mehl verschlagen, salzen und pfeffern. Die Taler erst in der Eimasse, dann im Paniermehl wenden.
Butter erhitzen und die Taler darin goldbraun braten. Heiß servieren.

Bemerkung:
Süßkartoffeltaler schmecken besonders gut zu Fisch- oder Fleischsaucen.

Gekochter Maniokgrieß
Imoyo eba (Nigeria)

für 4 Personen

½ l Fischbrühe
Palmöl
250 g Garri

◆ Die Fischbrühe mit einem Schuß Öl zum Kochen bringen; salzen und pfeffern. Garri zugeben, dabei ständig rühren, damit sich keine Klümpchen bilden; die Flüssigkeit muß vollständig absorbiert werden. 2 Minuten kochen, dabei weiterhin ständig rühren: der Brei sollte keine allzu steife Konsistenz annehmen, da er beim Abkühlen fest wird.
Beim Essen mit den Fingern kleine Bällchen formen und damit Saucen oder Suppen auftunken.

Knallrote Kochbananen
Red red (Ghana)

für 4 Personen

4 reife Kochbananen
Palmöl

◆ Die Kochbananen schräg in je vier Teile schneiden. 5 Minuten in gesalzenes Wasser legen. Reichlich Öl erhitzen und die Bananenstücke 10 Minuten darin ausbacken, bis sie eine rotbraune Farbe annehmen.

Bemerkung:
Knallrote Kochbananen schmecken besonders gut zu Bohnengerichten.

Variante:
Statt Kochbananen Yams oder Eddoes verwenden.

Gebratene Kochbananenfladen
Tatale (Ghana)

für 6 Personen

4 reife Kochbananen
1 gehackte Zwiebel
1 gehackte Knoblauchzehe
gemahlener Ingwer
Cayennepfeffer
Mehl
fermentierter Maismehlteig (Seite 133)
Palmöl

◆ Die Kochbananen mit einer Gabel zerdrücken. Zwiebel, Knoblauch, eine Prise Ingwer, Cayennepfeffer, Salz und etwas Wasser im Mixer verrühren.
Die Zwiebelpaste zu den Bananen geben. Etwas Mehl sowie Maismehlteig beifügen und gut durchmischen. 10 Minuten stehen lassen.
Erneut durchrühren und aus der Masse kleine, flache Fladen formen. Öl erhitzen und die Fladen darin braten, bis sie eine braune Farbe annehmen.

Bemerkung:
Eignet sich als Beilage vor allem zu Gerichten mit Bohnensaucen.

Gebackene Kochbananenklöße
Epitsi (Ghana)

für 4 Personen

4 reife Kochbananen
1 gehackte Zwiebel
gemahlener Ingwer
Cayennepfeffer
1 Tasse fermentierter Maismehlteig (Seite 133)
Butter

◆ Die Kochbananen mit einer Gabel zerdrücken, die Zwiebel beifügen. Mit Ingwer, Salz und Cayennepfeffer würzen. Den Maismehlteig zugeben und gut durchmischen. Aus der Masse mit einem Eßlöffel Bällchen formen.
Aluminiumfolie auf sechs Blätter in der Größe eines Briefbogens zuschneiden und mit Butter einfetten. Jeweils einige Bällchen in die Folien wickeln, auf der Oberseite der Päckchen kleine Schlitze einschneiden.
Im auf 200° vorgeheizten Ofen mindestens 30 Minuten backen.

Mais-Bananenbällchen
Kakro (Ghana)

für 6 Personen

4 reife Kochbananen
1 gehackte Zwiebel
1 gehackte Knoblauchzehe
gemahlener Ingwer
Cayennepfeffer
Mehl
fermentierter Maismehlteig (Seite 133)
Palmöl

◆ Die Kochbananen mit einer Gabel zerdrücken. Zwiebel, Knoblauch, eine Prise Ingwer, Cayennepfeffer, Salz und etwas Wasser im Mixer verrühren.
Die Zwiebelpaste zu den Bananen geben. Etwas Mehl sowie Maismehlteig beifügen und gut durchmischen. 10 Minuten stehen lassen.
Aus der Masse mit einem Eßlöffel Bällchen formen. Öl erhitzen und die Bällchen darin braten, bis sie braun und knusprig sind.

Pürierter Reis
Omotuo (Ghana)

1½ Stunden Vorbereitungs- und Kochzeit
für 4-6 Personen

500 g Reis
Butter
350 g Trockenfisch
2 gehackte Zwiebeln
3 gehackte Chilis

◆ 1 l Wasser mit etwas Butter und einer Prise Salz zum Kochen bringen. Den Reis hineingeben und 20 Minuten sehr weich garen.
Das Wasser abgießen und den Reis mit einem Kochlöffel zu Brei verrühren. Den gewässerten Trockenfisch, Zwiebeln und Chilis im Mixer pürieren. Mit dem Reis vermengen. Den Reisbrei zu tennisballgroßen Kugeln formen. Heiß servieren.

Bemerkung:
Schmeckt besonders gut zu allen Gemüsesaucen sowie zu Erdnuß-Palmsuppe (Seite 61).

Kokosnußreis
Coconut rice (Nigeria)

für 4 Personen

1 Kokosnuß oder
100 g Kokospulver
200 g Reis
1 gehackte Zwiebel
1 gehackte Pfefferschote

◆ Die Kokosnuß öffnen. Die Hälfte des Fruchtfleisches raspeln und mit etwas Wasser mischen. Flüssigkeit herauspressen, bis sich etwa 1 Tasse ergibt.
Kokosmilch oder Kokospulver mit 1 Tasse Wasser mischen und zum Kochen bringen. Reis, Zwiebel, Pfefferschote, Salz und gegebenenfalls einen Teil der Kokosraspel beifügen. Durchrühren und aufkochen. Wenn nötig, Wasser zugießen. Bei geringer Hitze 20 Minuten gar köcheln.

Varianten:
Garnelen beifügen.
Mit gemahlenen Gewürznelken abschmecken.

Gedünsteter Reisbrei
Abala (Benin)

1½ Stunden Vorbereitungs- und Kochzeit
für 4 Personen

200 g Reis
1 gehackte Zwiebel
1 gehackte Pfefferschote
20 g getrocknete Garnelen
Palmöl

◆ Den Reis in reichlich kaltem Wasser 30 Minuten quellen lassen.
Überschüssiges Wasser abgießen, den Reis mit einer Gabel auflockern und 10 Minuten trocknen lassen. In einer Küchenmaschine mit Mahlscheibe oder einer Getreidemühle mahlen.
1 l Wasser zum Kochen bringen. Nach und nach Reismehl zugeben und zu einem geschmeidigen Teig verrühren. Dabei nacheinander Zwiebel, Pfefferschote sowie die gewässerten Garnelen beifügen. Wenn nötig, etwas Palmöl zugeben; salzen und pfeffern.
Aus dem Teig acht Klöße formen. Einzeln in Pergamentpapier wickeln und in wenig Wasser eine Stunde dünsten.
Heiß servieren.

Bemerkung:
Eignet sich als Beilage zu Fleischgerichten.

Maismehlteig

Maismehl

◆ Maismehl mit Wasser und etwas Salz mischen und gut durchkneten, bis ein geschmeidiger Teig entsteht.

Bemerkung:
Maismehl läßt sich durch Mahlen von getrockneten Maiskörnern herstellen, ist jedoch auch im Lebensmittelhandel erhältlich, meistens von italienischen Herstellern.
Häufig entstehen aus frischem Maismehlteig Klöße als Beilage zu Suppen, Saucen, Fleisch- und Gemüsegerichten. In vielen Regionen Westafrikas läßt man den Teig jedoch mehrere Tage gären, bevor er verarbeitet wird. Zu diesem Zweck bedeckt man ihn mit einem Tuch und läßt ihn fünf Tage in einem kühlen Raum – keinesfalls im Kühlschrank – stehen.

Maisbreiklöße
Banku (Ghana)

5 Tage gären lassen
für 4-6 Personen

4 Tassen Maismehlteig (Seite 133)

◆ Den Maismehlteig fünf Tage gären lassen. Anschließend mit Salz und kaltem Wasser mischen, bis ein dünner Brei entsteht.
½ l Wasser zum Kochen bringen. Unter ständigem Rühren langsam den Mehlbrei zugeben und köcheln, bis er zunehmend fester wird. Gelegentlich etwas Wasser zugießen, um den Teig geschmeidig zu halten. 20 Minuten ständig rühren. Vom Herd nehmen und abkühlen lassen. Aus dem Teig tennisballgroße Klöße formen. Heiß oder kalt servieren.

Bemerkung:
Maisbreiklöße schmecken besonders gut zu Fischeintöpfen und Gemüse- oder Palmölsaucen.

Gebackene Maisklöße
Boodoo (Ghana)

1½ Stunden Vorbereitungs- und Kochzeit
für 4-6 Personen

6 Tassen Maismehlteig (Seite 133)
2 kleine Süßkartoffeln
120 g Erdnüsse
1 Tasse Weizenmehl
Butter

◆ Die Süßkartoffeln reiben, die Erdnüsse mahlen.
1 l Wasser mit einer Prise Salz zum Kochen bringen. Die Hälfte des Maismehlteigs mit 1 Tasse kaltem Wasser zu einem dünnflüssigen Brei verrühren und in das kochende Wasser geben. Unter ständigem Rühren 5 Minuten halbgar kochen.
Den übrigen, noch rohen Teig ebenfalls mit 1 Tasse kaltem Wasser zu einem dünnflüssigen Brei verrühren. Zu dem halbgaren Brei geben und köcheln, dabei ständig rühren. Den zunehmend fester werdenden Brei mehrfach mit einem Kochlöffel gegen die Topfwand drücken.
Süßkartoffeln und Erdnüsse zugeben. Das Weizenmehl, eine Prise Salz und, wenn nötig, etwas Wasser beifügen. Unter ständigem Rühren weitere 10 Minuten köcheln, bis eine feste, kloßartige Masse entsteht. Abkühlen lassen.
Aluminiumfolie auf sechs Blätter in der Größe eines Briefbogens zuschneiden und mit Butter einfetten. Den Teigkloß rollen und in sechs Stükke aufteilen. Diese in Folie wickeln und im auf 200° vorgeheizten Ofen 25 Minuten backen.
Vor dem Servieren abkühlen lassen.

Bemerkung:
Eignet sich als Beilage zu gebratenem Fisch sowie Gemüsesaucen.

Variante:

Gekochte Maisklöße
Abolo

◆ Keine Erdnüsse verwenden. Die Teigklöße nicht backen, sondern einzeln in Bananenblätter oder Aluminiumfolie wickeln. In reichlich Wasser 20 Minuten garen.

Gesäuerte Maisklöße
Kenkey (Ghana)

8 Tage gären lassen
für 4-6 Personen

8 Tassen Maismehlteig
(Seite 133)

◆ Den Maismehlteig acht Tage gären lassen. Anschließend 1 l Wasser mit einer Prise Salz zum Kochen bringen. Die Hälfte des Maismehlteigs mit 1 Tasse kaltem Wasser zu einem dünnflüssigen Brei verrühren und in das kochende Wasser geben. Unter ständigem Rühren 7 Minuten halbgar kochen.
Den übrigen, noch rohen Teig ebenfalls mit 1 Tasse kaltem Wasser zu einem dünnflüssigen Brei verrühren. Zu dem halbgaren Brei geben und köcheln, dabei ständig rühren. Wenn nötig, Wasser zufügen, damit der zunehmend fester werdende Teig geschmeidig bleibt.
Aus dem Teig Bällchen formen. Diese einzeln in befeuchtete Aluminiumfolie einwickeln und in reichlich Wasser 30 Minuten kochen.
Kalt stellen.

Bemerkung:
Kenkey werden stets kalt serviert und schmecken besonders gut zu Fischeintöpfen sowie Gemüsesaucen aller Art.
Die jamaikanische Variante heißt »Dokono«; sie werden allerdings mit Zucker gesüßt und ohne Saucen gereicht.

Mais-Bananenklößchen
Aka ikpa (Nigeria)

für 2-4 Personen

1 reife Kochbanane
50 g Maismehl
Palmöl
Cayennepfeffer

◆ Die Kochbanane im Mixer pürieren und mit dem Maismehl vermischen. Etwas Öl erwärmen und langsam zugießen. Mit Cayennepfeffer würzen, nach Geschmack salzen. Wenn nötig, Wasser beifügen und durchkneten, bis ein fester Teig entsteht.
Aus dem Teig Bällchen formen. Diese einzeln in Aluminiumfolie einwickeln und in wenig Wasser 20 Minuten dünsten.

Bohnenpaste
Moyin-moyin (Nigeria)

2½ Stunden Vorbereitungs- und Kochzeit

250 g Augenbohnen
1 gehackte Zwiebel
Cayennepfeffer
3-4 EL Palmöl
Bananenblätter oder Aluminiumfolie

◆ Die Augenbohnen 30 Minuten wässern. Mit den Händen in kaltem Wasser reiben, bis sich alle Schalen gelöst haben. Bohnen, Zwiebel, je eine Prise Cayennepfeffer und Salz sowie etwas Wasser im Mixer pürieren. Öl erwärmen und einrühren. Die Paste mit einem Schneebesen durchschlagen.
In Bananenblätter einwickeln und in wenig Wasser eine Stunde dünsten.

Bemerkung:
Bohnenpaste läßt sich problemlos einfrieren. Nach dem Auftauen erneut mit dem Schneebesen durchschlagen. Sie eignet sich besonders als Zugabe beim Dünsten von Gerichten, die in Bananenblätter eingewickelt werden.

Variante:
Nach Geschmack Garnelen, Speck, Corned Beef oder Eier fein würfeln, mit der Paste vermengen und mitdünsten.

Desserts

Fruchtsalat
Fruit salad

für 4-6 Personen

1 Ananas
1 halbreife Papaya oder Mango
3 Bananen
2 Orangen
1 Honigmelone
Milch oder Fruchtsirup

◆ Die Ananas würfeln und in wenig Wasser 5 Minuten kochen. Die Papaya kleinschneiden, zugeben und aufkochen.
Vom Herd nehmen und abkühlen lassen. Bananen, Orangen und Melone in kleine Stücke schneiden.
Gekochte und rohe Früchte auf einer Platte anrichten und mit etwas Milch übergießen.

Mangocreme
Crème de mangues (Côte d'Ivoire)

für 4 Personen

1 reife Mango
70 g brauner Zucker
½ l Milch
1-2 EL gemahlene Vanille oder 50 g Vanillezucker

◆ Den Zucker in der Hälfte der Milch aufkochen. Die Vanille in der restlichen Milch anrühren und zur kochenden Milch geben. Unter ständigem Rühren 5 Minuten köcheln.
Vom Herd nehmen und im Wasserbad oder Kühlschrank abkühlen lassen.
Eine Mangohälfte würfeln und unter die erkaltende Creme rühren. Die andere Mangohälfte in dekorative Stücke zerteilen.
Vor dem Servieren die Creme damit garnieren.

Variante:
Statt Mango Papaya oder Ananas verwenden.

Fritierte Ananas
Abrobe a yakye (Ghana)

für 4-6 Personen

2 Ananas
1 Tasse Mehl
¼ Tasse Zucker
Backpulver
100 g Butter
1 Ei
geriebene Muskatnuß
Puderzucker
Pflanzenöl

◆ Die Ananas in Scheiben schneiden. Mehl, Zucker und etwas Backpulver vermengen. Die Butter zerlaufen lassen, das Ei trennen.
Butter, Eigelb und je eine Prise Muskat sowie Salz mit dem Mehl mischen. Warmes Wasser einrühren, bis ein dünnflüssiger Teig entsteht. Das Eiweiß steif schlagen und unterheben.
Öl erhitzen. Die Ananasscheiben einzeln im Teig wenden und goldbraun ausbacken.
Mit Puderzucker bestreuen und heiß servieren.

Orangentorte
Tarte à l'orange
(Kamerun)

für 4 Personen

1 große Orange oder Zitrone (Saft und Schale)
2 Eier
200 g Mehl
150 g Butter
4 EL Puderzucker

◆ Ein Ei verschlagen und mit dem Mehl mischen. Nacheinander Salz, 1 Tasse Wasser und zwei Drittel der Butter zugeben. Gut durchkneten.
Den geschmeidig-festen Teig auf einem mit Butter eingefetteten Backblech ausrollen und leicht mit Mehl bestäuben.
Das zweite Ei mit Orangensaft, Puderzucker und der übrigen Butter verschlagen. Geriebene Orangenschale beifügen. Die Mischung auf dem Teig verteilen. Im auf 250° vorgeheizten Ofen 20 Minuten backen.
Kalt servieren.

Erdnußbananen
Kwadu ne nkate (Ghana)

für 4-6 Personen

200 g Erdnüsse
1 Apfel
1 gehackte Zwiebel
Curry
Zucker
Zitronensaft
1 Tasse Apfelsaft
3 Bananen
2 Eigelb
Pflanzenöl

◆ Die Erdnüsse mahlen und den Apfel reiben.
Öl erhitzen und die Zwiebel darin dünsten. Erdnüsse und Apfel beifügen. Mit Curry, Zucker, Zitronensaft, Pfeffer und Salz würzen. Bei starker Hitze 3 Minuten braten.
Mit 1 Tasse Apfelsaft ablöschen und unter ständigem Rühren 20 Minuten köcheln.
Die Bananen in große Stücke schneiden. Öl erhitzen und die Bananen darin goldbraun braten. Auf Küchenpapier abtropfen lassen. Das Eigelb verschlagen und die gebratenen Bananen darin wenden. Reichlich Öl erhitzen und die Bananen darin braten, bis sie knusprig sind.
Vor dem Servieren mit der Sauce übergießen.

Quarkpudding
Pudim de queijo
(Kapverdische Inseln)

250 g Quark
500 g Zucker
2 Eigelb
3 Eier
1 Tasse Milch
geriebene Zitronenschale
Butter

◆ 50 g Zucker schmelzen und bräunen. In eine mit Butter eingefettete Puddingform gießen und abkühlen lassen.
Eigelb und Eier mit dem restlichen Zucker verschlagen. Lauwarme Milch, Quark sowie Zitronenschale zugeben und gut durchrühren. Die Mischung zum Zucker in die Puddingform geben.
Den Pudding im auf 150° vorgeheizten Ofen goldbraun backen.
Warm oder kalt servieren.

Tigernußpudding
Atadwe merekye (Ghana)

für 4-6 Personen

4 Tassen Tigernüsse
½ Tasse Reis
200 g Zucker

◆ Die Tigernüsse im Mörser zerdrücken. Den Reis in einer Küchenmaschine mit Mahleinsatz oder einer Getreidemühle mahlen.
Die Nüsse dreimal nacheinander mit je 200 ml Wasser mischen. Die Masse jedesmal durchseihen, die jeweils entstehende milchartige Flüssigkeit getrennt zur Seite stellen. Reismehl und Zucker mit dem dritten Aufguß Tigernußmilch verrühren. Den zweiten Aufguß zugießen. Unter ständigem Rühren erhitzen – nicht kochen – und 10 Minuten durchrühren. Hitze stark reduzieren.
Den ersten Aufguß Tigernußmilch zugeben. Bei niedriger Temperatur weitere 10 Minuten durchrühren.
Kalt servieren.

Bemerkung:
Tigernüsse sind eine in Europa schwer erhältliche Spezialität und von ihrem Geschmack her durch nichts ersetzbar. Sie wachsen wie Erdnüsse im Boden. Wer sich keine Tigernüsse von einer westafrikanischen Reise mitbringen kann, mag es reizvoll finden, das Rezept mit einer europäischen Nußart nach Geschmack auszuprobieren.

Mango-Omelett
Omelette de mangues (Mali)

für 4-6 Personen

4 Mangos
2 EL Zucker
3 EL Zitronensaft
4 Eier
½ Tasse Mehl
Milch
Butter

◆ Die Mangos in kleine Stücke schneiden. Mit Zucker und Zitronensaft bei niedrigster Temperatur 5 Minuten ziehen lassen. Vom Herd nehmen.
Die Eier trennen, das Eiweiß steif schlagen. Mehl und Eigelb zu den Mangos geben. Wenn nötig, etwas Milch zugießen: der Teig sollte eine dickflüssige Konsistenz annehmen. Das Eiweiß unterziehen.
Butter erhitzen und den Teig portionsweise darin braten.

Variante:
Statt Mangos Bananen, Papayas oder Ananas verwenden.

Haferküchlein
Oatmeal muffins
(Nigeria)

für 4 Personen

250 g Haferflocken
½ Hefewürfel
125 g Zucker
150 g Mehl
Milch
120 g kandierte Früchte
1 Eigelb
Butter

◆ Hefe und Zucker gut verrühren, 10 Minuten stehen lassen.
100 g Butter, Haferflocken, Mehl sowie etwas Salz beifügen. Gut durchkneten und, wenn nötig, etwas Milch zugeben. Den geschmeidigen Teig ruhen lassen, bis er um das Doppelte aufgegangen ist.
Nochmals durchkneten, anschließend dünn ausrollen und mit kandierten Früchten bedecken. Zusammenfalten, durchkneten und erneut 2 cm dick ausrollen. Aus dem Teig flache Küchlein formen, auf ein mit Butter eingefettetes Backblech legen und 30 Minuten ruhen lassen.
Die Küchlein mit Eigelb bestreichen. Im auf 160° vorgeheizten Ofen 15 bis 20 Minuten backen.

Bananen im Teigmantel
Bananas in jackets
(Liberia)

4 Stunden Vorbereitungs- und Backzeit
für 4-6 Personen

6 Bananen
250 g Mehl
1 TL Zitronensaft
6 EL Erdbeerkonfitüre
Vanillezucker
1 Eigelb
Butter

◆ 125 g Butter, Mehl, Zitronensaft und eine Prise Salz zu einem Teig verkneten. An einem kühlen Ort drei Stunden zugedeckt stehen lassen.
Die Bananen längs einschneiden, mit Konfitüre füllen und in Vanillezucker wenden.
Den Teig ausrollen und in sechs schmale Stücke aufteilen. Die Bananen in je ein Teigstück einwickeln, die Teigränder mit Wasser anfeuchten und gut zusammendrücken. Mit einer Gabel Muster einstechen, mit verschlagenem Eigelb bestreichen.
Die Bananen auf ein mit Butter eingefettetes Backblech legen und im auf 220° vorgeheizten Ofen 15 Minuten backen.
Warm oder kalt servieren.
Beilage: Erdnüsse

Bananenküchlein
Gateaux de bananes (Mali)

für 4-6 Personen

6 Bananen
¼ Tasse Zucker
1 Tasse Mehl
geriebene Muskatnuß
Pflanzenöl

◆ Die Bananen mit einer Gabel zerdrücken oder im Mixer pürieren. Den Zucker in ¼ l Wasser auflösen. Das Mehl mit Zuckerwasser, einer Prise Muskat und Bananenpüree zu einem glatten Teig verrühren.
Öl erhitzen und den Teig in kleinen Portionen darin goldbraun braten.

Krapfen
Bofrot (Ghana)

3 Stunden Vorbereitungs- und Kochzeit
für 4-6 Personen

½ Tasse Zucker
½ l Palmwein (bzw. Traubenmost oder Milch mit Zitronensaft)
2 Eier
500 g Mehl
geriebene Muskatnuß
1-2 Tassen Rosinen
Backpulver
Milch
Pflanzenöl

◆ Den Zucker in warmem Wasser auflösen. Palmwein zugießen, die verschlagenen Eier unterziehen.
Mehl langsam und unter ständigem Rühren beifügen, damit sich keine Klümpchen bilden. Mit einer Prise Muskat würzen.
Rosinen, Salz und etwas Backpulver zum Teig geben. Wenn nötig, etwas Milch zugießen: der Teig sollte eine dickflüssige Konsistenz annehmen. Zwei Stunden ruhen lassen.
Öl erhitzen und den Teig in eßlöffelgroßen Portionen darin goldbraun braten.

Variante:
Das ghanaische Sweetbad wird in gleicher Weise zubereitet, jedoch ohne Palmwein oder -ersatz.

Kochbananenkekse

Plantain gingerbread (Liberia)

2 Stunden Vorbereitungs- und Backzeit

2 Kochbananen
½ Tasse Zucker
1 TL Vanillezucker
Fruchtsirup
100 g Mehl
Backpulver
2 TL gemahlener Ingwer
1 TL gemahlener Zimt
1 TL gemahlene Gewürznelke
1 Tasse Milch
Butter

◆ Die Kochbananen in Scheiben schneiden.
½ Tasse Wasser erhitzen, Zucker und Vanillezucker darin auflösen. Die Bananen zugeben und bei mittlerer Temperatur garen. Abtropfen lassen und auf einem mit Butter eingefetteten Backblech verteilen.
Das Zuckerwasser mit Sirup auffüllen, so daß sich 1 Tasse Flüssigkeit ergibt; zur Seite stellen.
Das Mehl und etwas Backpulver mit Ingwer, Zimt, Nelke und einer Prise Salz würzen.
50 g Butter zerlaufen lassen. Den Zuckersirup zugießen und aufkochen. Bei verringerter Hitze in kleinen Portionen abwechselnd das gewürzte Mehl und Milch beifügen. Dabei ständig rühren: der Teig sollte eine zähflüssige Konsistenz annehmen.
Den Teig über die Bananen geben. Im auf 350° vorgeheizten Ofen eine Stunde backen.
Vor dem Servieren in Stücke zerteilen.

Maisstückchen

Banfo bese (Ghana)

für 4-6 Personen

500 g Maismehl
Zucker
Backpulver
geriebene Muskatnuß
Milch
Pflanzenöl

◆ Das Maismehl mit etwas Wasser mischen. Je eine Prise Zucker, Backpulver und Muskat sowie etwas Milch beifügen. Gut durchmischen: der Teig sollte eine breiartige Konsistenz annehmen.
Aus dem Brei ovale Bällchen formen.
Reichlich Öl erhitzen und die Bällchen darin fritieren.

Bemerkung:
»Banfo bese« bedeutet »Spielmannsnüsse« – der Name deutet an, wie hart die krapfenähnlichen Gebilde werden. In verschlossenen Gefäßen lassen sie sich problemlos mehrere Tage aufbewahren.

Fritierte Orangenschleifen
Chinchin (Nigeria)

für 4 Personen

½ Tasse Zucker
125 g Butter
4 Eier
150 g Mehl
Backpulver
geriebene Muskatnuß
2 EL geriebene Orangenschale
Milch
Erdnußöl

◆ Zucker und Butter cremig verschlagen, die Eier einzeln unterrühren.
Das Mehl mit je einer Prise Backpulver, Muskat und Salz mischen, die Orangenschale beifügen.
Die Mehlmischung langsam zur Buttercreme geben; dabei ständig rühren, damit sich keine Klümpchen bilden. Wenn nötig, Milch zugießen: der Teig sollte fest werden, aber geschmeidig bleiben.
Den Teig auf einer mit Mehl bestäubten Unterlage 5 bis 10 Minuten durchkneten. 1 cm dick ausrollen und in 8 cm lange sowie 4 cm breite Streifen schneiden. In die Mitte jedes Streifens einen Schlitz von etwa 4 cm Länge schneiden und beide Enden durchziehen, so daß sich eine Art Schleife ergibt.
Öl erhitzen und die Teigschleifen darin ausbacken.

Fritierte Teigstreifen
Atwemo (Ghana)

für 4-6 Personen

1 Tasse Zucker
200 g Butter
2 Eier
250 g Mehl
Backpulver
geriebene Muskatnuß
Milch
Erdnußöl

◆ Zucker und Butter cremig verschlagen, die Eier einzeln unterrühren.
Das Mehl mit je einer Prise Backpulver, Muskat und Salz mischen, etwas Milch zugießen. Mit der Buttercreme zu einem geschmeidig-festen Teig verkneten.
Den Teig auf einer mit Mehl bestäubten Unterlage ausrollen, in lange Streifen schneiden und diese nach Belieben formen.
Reichlich Öl erhitzen und die Teigstreifen darin schwimmend ausbacken. Auf Küchenpapier abtropfen lassen.

Reisbrei
Raiswata (Ghana)

für 4-6 Personen

2 Tassen Reis
¼ l Milch
Zucker
Butter

◆ Den Reis in reichlich Wasser 30 Minuten quellen lassen. Überschüssiges Wasser abgießen.
1 Tasse Wasser zum Kochen bringen. Zwei Drittel der Milch zugeben und aufkochen. Den Reis einrühren und bei mittlerer Temperatur 20 Minuten garen, dabei ständig rühren. Nach und nach die restliche Milch zugießen, damit der Brei dickflüssig bleibt.
Mit Salz, Zucker und Butter abschmecken. Heiß servieren.

Biskuitbrei
Poloo (Ghana)

für 4 Personen

300 g ungezuckerte Biskuits
¼ l Milch
1 Zimtstange
Zucker

◆ Zwei Drittel der Milch aufkochen. Die Biskuits in kleine Stücke brechen, in die Milch geben und zum Kochen bringen. Bei verringerter Hitze 20 Minuten köcheln, dabei ständig rühren. Nach und nach die restliche Milch zugießen, damit der Brei dickflüssig bleibt.
Am Ende der Kochzeit die Zimtstange zugeben, mit Salz und Zucker abschmecken. Heiß servieren.

Maiskörnerbrei
Aburo kooko (Côte d'Ivoire)

am Vortag beginnen
für 4 Personen

1½ Tassen getrocknete Maiskörner
¼ l Milch
1 Zimtstange
Zucker

◆ Die Maiskörner im Mörser grob stampfen oder in einer Getreidemühle schroten. Über Nacht wässern.
Am nächsten Tag 1 Tasse Wasser zum Kochen bringen. Zwei Drittel der Milch zugeben und aufkochen. Den Mais beifügen und erneut aufkochen. Bei verringerter Hitze 30 Minuten köcheln, dabei ständig rühren. Nach und nach die restliche Milch zugießen, damit der Brei dickflüssig bleibt.
Am Ende der Kochzeit die Zimtstange zugeben, mit Salz und Zucker abschmecken. Heiß servieren.

Maniokbrei

More akosa (Ghana)

für 4 Personen

150 g Garri
¼ l Milch
1 Zimtstange
Zucker

◆ Garri kurz in etwas Wasser quellen lassen.
1 Tasse Wasser zum Kochen bringen. Zwei Drittel der Milch zugeben und aufkochen. Garri nach und nach unter ständigem Rühren in die Milch geben. Bei verringerter Hitze 30 Minuten köcheln, dabei ständig rühren. Nach und nach die restliche Milch zugießen, damit der Brei dickflüssig bleibt.
Am Ende der Kochzeit die Zimtstange zugeben, mit Salz und Zucker abschmecken. Heiß servieren.

Hirsebrei

Fura gero (Guinea)

für 4 Personen

150 g Hirseteig
1 TL gemahlener Ingwer
250 ml Milch
1 Zimtstange
Zucker

◆ Hirseteig wie Maismehlteig (Seite 133) herstellen. In etwas Wasser lösen, mit Ingwer sowie Pfeffer würzen.
1 Tasse Wasser zum Kochen bringen. Zwei Drittel der Milch zugeben und aufkochen. Hirseteig nach und nach unter ständigem Rühren in die Milch geben. Bei verringerter Hitze 15 Minuten köcheln, dabei ständig rühren. Nach und nach die restliche Milch zugießen, damit der Brei dickflüssig bleibt.
Am Ende der Kochzeit die Zimtstange zugeben, mit Salz und Zucker abschmecken. Heiß servieren.

Kokosbonbons

Doces de coco (Kapverdische Inseln)

für 40 Bonbons

1 Kokosnuß oder 250 g Kokosraspel
500 g Zucker

◆ Die Kokosnuß öffnen und das Fruchtfleisch raspeln.
Die Hälfte des Zuckers langsam schmelzen. Unter ständigem Rühren den restlichen Zucker zugeben und bräunen. 1 Tasse Wasser zugießen und rühren, bis der Zucker eine breiartige Konsistenz annimmt.
Die Kokosraspel beifügen. Gut durchrühren und 15 Minuten köcheln. Gelegentlich umrühren.
Probeweise etwas Kokosmasse auf einen kalten Teller geben. Wird die Masse hart, ist sie gar. Mit zwei Teelöffeln kleine Häufchen der Kokosmasse auf eine große Platte geben. Abkühlen lassen.

Rezeptregister

Stichwortregister

Die *kursiven* Seitenangaben verweisen auf Texte, die den Begriff erläutern, die übrigen auf Rezepte, in denen diese Zutat eine wichtige Rolle spielt.

Afrika in Brasilien

◆ Schwarze Poesie · Poesia Negra
Afrobrasilianische Dichtung der Gegenwart
Herausgegeben und mit einer Einleitung
von Moema Parente Augel

◆ Schwarze Prosa · Prosa Negra
Afrobrasilianische Erzählungen der Gegenwart
Herausgegeben und mit einer Einleitung
von Moema Parente Augel

Edgar Ricardo von Buettner
◆ Baianas – Priesterinnen der Straße
Mit einem Text von Hubert Fichte

Bruno Furrer
◆ Carybé
Das Hauptwerk des Malers, Zeichners
und Bildhauers
Mit Texten von Jorge Amado, Carybé
und Martin Hein

Piero Onori
◆ Sprechende Körper
Capoeira – ein afrobrasilianischer Kampftanz
Mit Fotografien von Onorio Mansutti

Anno Wilms
◆ Ismael Ivo – Körper und Tanz
Mit einem Text von Cuti

Edition d i á

Moema Parente Augel
◆ Brasilianisch kochen

Stefan Ullmann
◆ Chinesisch kochen

Madhur Jaffrey
◆ Indisch kochen

Sri Owen
◆ Indonesisch kochen

Heidi Keller · Miranda Greaves
◆ Karibisch kochen

Brahim Lagunaoui
◆ Marokkanisch kochen

Beate Engelbrecht · Ulrike Keyser
◆ Mexikanisch kochen

Márcia Zoladz
◆ Portugiesisch kochen

Irina Carl
◆ Russisch kochen

Lenia und Barnim Heiderich
◆ Zyprisch kochen

Gerichte und ihre Geschichte

Edition d i á